しくみ図解

マンションの設備・管理が一番わかる

▶安全で快適な居住空間の構築と維持

日下部理絵 著

技術評論社

はじめに

　今、多くのマンションが、"建物の老朽化"と"住民の高齢化"という2つの老いに直面しています。全国のマンションストック戸数は、約613万戸（賃貸除く）。この10年で約1.5倍に増大し、マンションの居住人口は約1,510万人とされ、今や国民の約10人に1人がマンションに居住しています。そのうち、築30年超である旧耐震基準のマンションは106万戸、築40年以上経過した戸数は17万戸と言われ、平成28年では173万戸になると推察されています。これからの10年、旧耐震基準・高経年マンションは続々と耐震化や建替え問題などに直面することでしょう。

　これら問題に取り組むには日頃のマンション管理が重要ですが、マンションに関わる業務は、管理費等のお金、設備管理、建物の維持修繕、トラブル対処、法令、清掃と多岐に渡ります。また、隣接するビルメンテナンス業界に従事する方が、人と接することの多いマンション管理業界から接遇マナーを学ぼうとする傾向も強くなってきています。

　本書は、マンションの基礎知識からマンション管理に関わる業務について横断的にわかりやすく解説しています。管理会社のフロント担当者・管理員などのマンション管理業務に携わる方、マンションに関連する不動産・建築に携わる多くの従事者、これからマンション管理業界に関わる皆さまにとって、この1冊で必要な知識を習得できる初歩的なバイブルとして、ご活用いただければ幸いです。

平成28年3月吉日　日下部　理絵

マンションの設備・管理が一番わかる
―― 安全で快適な居住空間の構築と維持 ――

目次

はじめに‥‥‥‥‥3

第1章 マンションのいま‥‥‥‥‥9

1 マンションの定義‥‥‥‥‥10
2 マンションの歴史‥‥‥‥‥12
3 マンションの現状‥‥‥‥‥14
4 高経年、高齢化「2つの老い」‥‥‥‥‥16

第2章 管理の基礎知識‥‥‥‥‥19

1 マンションの資産価値‥‥‥‥‥20
2 資産価値を高めるマンション管理‥‥‥‥‥22
3 管理組合（組織と運営）‥‥‥‥‥24
4 総会の運営‥‥‥‥‥26
5 理事会と役員‥‥‥‥‥28
6 管理組合の会計‥‥‥‥‥30
7 マンションの保険‥‥‥‥‥32
8 マンションで働く人々‥‥‥‥‥34
9 専門家の活用とマンションの関連資格‥‥‥‥‥36

CONTENTS

第3章 清掃 …………39

1 清掃業務の種類（日常・定期・特別）…………40
2 清掃範囲と計画…………42
3 清掃の基本的知識…………44
4 清掃用具…………46
5 洗剤の知識…………48
6 管理事務室の整理整頓…………50
7 植栽管理…………52

第4章 維持と修繕 …………55

1 マンションの建築構造と分類…………56
2 建物の用途、住居と事務所…………58
3 専有部分と共用部分…………60
4 コンクリートの知識…………62
5 建物のライフサイクルコスト…………64
6 建物の劣化…………66
7 建物の維持・保全…………68
8 大規模修繕…………70
9 長期修繕計画・修繕積立金…………72
10 リフォーム・リノベーション…………74
11 旧耐震基準と新耐震基準…………76
12 耐震化（耐震診断・耐震改修）…………78
13 既存不適格建築物…………80
14 マンション建替え…………82

第5章 マンション設備……85

1　電気設備…………86
2　ガス設備…………88
3　給水設備…………90
4　排水設備…………92
5　空調設備…………94
6　消防用設備…………96
7　エレベーター設備…………98
8　防犯装置…………100
9　駐輪場（自転車置場）…………102
10　機械式駐車場・バイク駐車場…………104
11　AED（自動体外式除細動器）…………106

第6章 トラブルの対処法……109

1　管理費等の滞納…………110
2　駐輪場・バイク駐車場の不足…………112
3　車離れによる空き駐車場…………114
4　騒音…………116
5　ペット飼育…………118
6　動物対策（鳥類・猫・ハチ）…………120
7　水害対策（台風・集中豪雨）…………122
8　防犯対策…………124
9　防災対策…………126
10　ゴミの捨て方…………128

CONTENTS

11　役員の成り手不足……………130

第7章　接遇とマナー……………133

1　ホスピタリティ・サービスマインド……………134
2　立ち居振る舞い（立ち方・歩き方・座り方・おじぎ）……………136
3　言葉づかい（敬語・美化語・接遇用語等）……………138
4　コミュニケーション・コミュニティ形成……………140

第8章　マンションの法令……………143

1　マンション標準管理規約……………144
2　使用細則……………146
3　マンション標準管理委託契約書……………148
4　重要事項説明書……………150
5　建物の区分所有等に関する法律……………152
6　マンションの管理の適正化の推進に関する法律……………154
7　プライバシーと個人情報保護法……………156
8　その他の法令……………158

第9章　新たな価値の構築……………161

1　スマートマンション……………162
2　専有部サービス……………164

CONTENTS

 3 独居高齢者、孤立死、認知症サポーター……………166
 4 携帯電話基地局（アンテナ）の設置…………168

 用語索引…………170

◆ コラム｜目次

都心部や湾岸エリアで年々マンション化率が加速！……………11
不況でも欲しい!?　高級マンション「億ション」……………18
今後のテーマは「選ばれるマンション」……………21
マンション管理業者とは？……………25
出納帳・明細表への記録を忘れずに……………31
地震等による損害は地震保険でカバー……………33
マンション管理員とビル管理員の違い……………35
町内会・自治会とマンションの管理組合……………38
共用部分のトイレは、管理のバロメーター……………54
コンクリートの特長……………63
東日本大震災と管理組合から寄せられる耐震不安……………84
AEDの使用方法……………107
火災時は、エレベーターで避難?!……………108
「管理組合の運営は自分達で」が基本……………131
「野良猫」にエサをあげるとペットになる?!……………132
コミュニティの絆は、こうして深めよう……………142
民法と区分所有法……………159
行政機関を上手に活用しよう……………160

第1章

マンションのいま

そもそも、マンションとはどのような建物なのでしょう。
そして日本のマンションの歴史を振り返りつつ、
マンションにいま何が起きているのかについて考えます。

1-1 マンションの定義

●マンションとは

　鉄筋コンクリート造りや、鉄骨鉄筋コンクリート造りの3階建て以上の比較的大規模な集合住宅（共同住宅）を総称して、「マンション」と呼ぶのが一般的です。

　また、同じ集合住宅でも「アパート」は、木造や軽量鉄骨造の2階建てまでの小規模な造りで、1人の所有者が賃貸物件として所有する建物をさすケースが多いようです。

　平成26年、総世帯数に占めるマンション戸数の割合であるマンション化率が、86.18％で3年連続最高値を更新した東京・千代田区を筆頭に、東京23区全体でも30.38％とはじめて30％の大台に乗りました。

　このように今や都心部においては、マンションに住むという居住形態は、もはや一般的とすらいえる状況になりつつあります。

　しかし、「マンション」という言葉は和製英語であり、今までその言葉に明確な定義は存在していませんでした。

●「マンション管理適正化法」での定義

　平成13年に施行された「マンション管理の適正化の推進に関する法律（以下、「マンション管理適正化法」）では、マンションを「2以上の区分所有者が存する建物で、人の居住の用に供する専有部分のあるものならびにその敷地および附属施設」と定義しています。つまり、適性化法では、この定義に該当する建物がマンションだということになります。

　しかし、この法律でいうマンションは、あくまで居住者がいる分譲マンションを想定しており、1オーナーの賃貸マンションや事務所・店舗等の非居住用のマンションは対象としていません。そのため、必ずしも一般的な「マンション」の定義には当てはまらないともいえます。

　本書においても、明確にマンションを定義することはしませんが、近年の

マンション形態の多様化により、賃貸マンションにおいても、マンション管理の重要性が高まっています。また、そもそも管理の質を上げるという点においては、賃貸マンションでも分譲マンションの管理方式等に当てはまり、参考になる部分が多いといっていいのではないかと思います。

表 1-1-1　政令市＆特別区マンション化率ランキング

順位	政令指定都市・特別区	2014年 ストック戸数	2014年 世帯数	2014年 マンション化率	○○世帯に1世帯の割合	2013年 マンション化率	2012年 マンション化率
1	東京23区	1,393,073	4,585,651	30.38%	3.3	29.79%	29.36%
2	福岡市	206,997	707,907	29.24%	3.4	29.10%	28.99%
3	神戸市	200,081	714,025	28.02%	3.6	27.70%	27.40%
4	横浜市	466,647	1,674,880	27.86%	3.6	27.62%	27.40%
5	川崎市	178,111	670,909	26.55%	3.8	26.32%	25.73%
6	大阪市	343,757	1,331,395	25.82%	3.9	25.29%	24.76%
7	千葉市	105,610	420,428	25.12%	4.0	24.94%	25.06%
8	名古屋市	196,522	1,015,641	19.35%	5.2	19.19%	18.97%
9	さいたま市	101,943	535,598	19.03%	5.3	18.84%	18.66%
10	相模原市	56,194	310,998	18.07%	5.5	18.05%	17.76%

（出典：政令市＆特別区マンション化率ランキング（株）東京カンテイ）

❗ 都心部や湾岸エリアで年々マンション化率が加速！

「マンション化率」とは、総世帯数に占める分譲マンション戸数の割合を示す。2014年は東京23区が前年から0.59ポイント拡大して30.38％となり、初めて30％の大台を突破した。首都圏のマンション供給状況が弱含むなかでも、東京オリンピックの影響を受ける都心部や湾岸エリアへの「立地偏在」は続き、普及スピードの加速が続いている。

1-2 マンションの歴史

●国内初の鉄筋コンクリート（RC）造共同住宅

　我が国で初めて建設された鉄筋コンクリート造共同住宅は、長崎県端島にある鉱員向け共同住宅、通称「軍艦島」です。大正5年のことでした。

　その後、大正12年に発生した関東大震災による被災者向け住宅として、東京と神奈川の16か所に「同潤会アパート」が建設されました。この同潤会アパートは、昭和初期の近代文化の象徴ともいえる建物です。そのうち最も有名な物件は、東京・表参道のシンボルとして親しまれた同潤会青山アパートでしょう。現在では、「表参道ヒルズ」に再開発されています。

　また、最後の同潤会アパートとして注目されていた東京都台東区の「上野下アパート」は昭和4年の竣工から84年が経過し、建物・設備等の老朽化、耐震性の問題から、平成25年5月から解体工事が着工されました。そして平成27年8月、地上14階地下1階建ての「ザ・パークハウス上野」に建替えられています。

●居住用分譲マンションの誕生

　我が国で初めての居住用分譲マンションは、東京都建設局により昭和28年に建てられた11階建ての「宮益坂アパート」（東京都渋谷区）です。

　また、昭和31年には民間による分譲マンションの第一号として、5階建ての「四谷コーポラス」（東京都新宿区）が建設され、高額物件として販売されました。これを皮切りにマンションの一般的供給が始まった昭和30年代前半では、比較的高所得者を対象とした都心型マンションが主流でした。この時代のマンション管理は、分譲会社が自社に管理担当部門を設置し、区分所有者と個別に管理委託契約を取り交わして管理業務を実施する方式が一般的なものでした。

図 1-2-1　長崎県端島、通称「軍艦島」の鉱員向けアパート

大正5年に造られた日本初の鉄筋コンクリート（RC）造のアパート「30号棟」。
それまで軍艦島の人々は3階建て、4階建ての木造長屋などに暮らしていたという。

図 1-2-2　いまはなき最後の同潤会アパート「上野下アパート」（東京都台東区）

同潤会アパートは、大正15年の中之郷アパートメントを皮切りに16か所が造られた。
最後に残った上野下アパートは、平成25年に解体されている。

1・マンションのいま

1-3 マンションの現状

●全国のマンションストック戸数

　国土交通省の統計によると、平成26年末現在、全国のマンションストック戸数は、約613万戸とされ、ここ10年で約1.5倍に増大しています。また、マンションの居住人口は、約1,510万人と推測されています。これはいまや、日本国民の10人に1人以上がマンションに居住しているということを意味しています。

●マンションにおけるトラブル

　その一方で、全国の築30年を超える高経年マンションは、約140万戸を超えています。こうした古い建物を放置していると、いずれ「スラム化」してしまいます。

　スラム化すると、タイルの一部剥落、ベランダや廊下の手摺の落下、共用施設の破損・汚損等が起こることがあります。これらを防ぐためには、修繕等が必要です。しかし、修繕積立金の不足により大規模修繕・耐震化・建替えが必要な時期に適正な内容で実施できないことがあります。

　また、マンション管理における不安材料はそれだけではありません。空き部屋・賃貸化・高齢化による管理組合役員のなり手不足、騒音・ペット飼育等のマナー違反者の増加、管理費等の滞納者の増加・横領問題、独居高齢者の孤立死…等々、問題を挙げだしたらきりがありませんし、これらは大変深刻な社会問題にもなっています。

　このような問題に対処するため、マンションの安全・安心・快適な居住環境を確保するということは、国民の社会生活を向上させることと同義ともいえます。そのため、マンション管理においては、担当しているマンションだけではなく、地域全体への影響も考え、責任ある行動を心掛けることが大切です。こうした心構えこそが、結果的にトラブル等の防止につながるのだということを、常に忘れず業務に望みましょう。

図1-3-1　全国のマンションストック戸数（平成26年末現在　約613万戸）

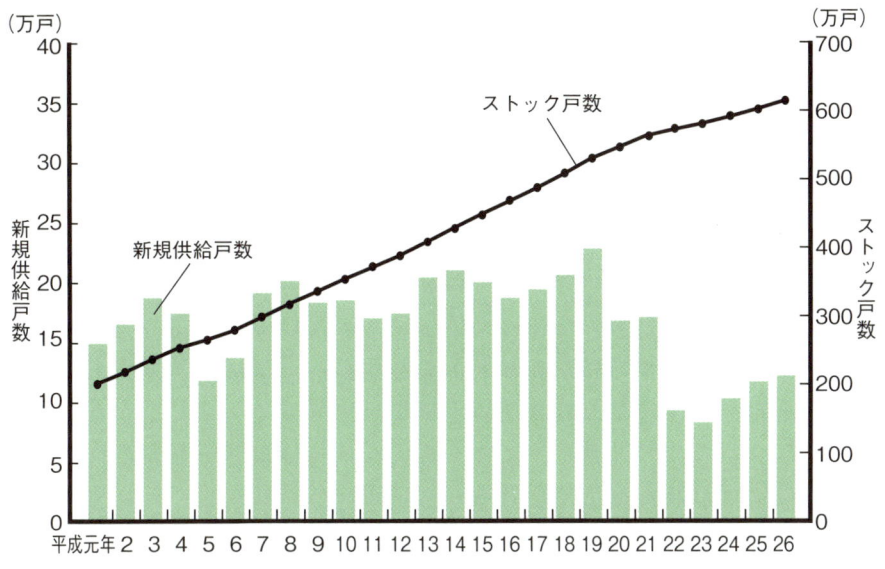

(出典：国土交通省)

注　1. 新規供給戸数は、建築着工統計等をもとに推計した数字。
　　2. ストック戸数は、新規供給戸数の累計等を基に各年末時点の戸数を推計した数字。
　　3. ここでいうマンションとは、中高層（3階建て以上）、分譲、共同住宅で、鉄筋コンクリート、鉄骨鉄筋コンクリートまたは鉄骨造の住宅をいう。
　　4. マンションの居住人口は平成22年国勢調査の結果から、1世帯あたり平均2.46人をもとに算出した場合、全国でおよそ1,510万人となる。

図1-3-2　マンションに起こるスラム化

タイルの一部はく落　　　ベランダや手すりの破損　　　外壁等、共用部分の破損や爆裂等

分譲時、修繕積立金が低く設定されていたマンションでは共用施設の破損等の劣化が起きても改修工事ができないところがある。こうした場合、修繕積立費の増額や一時金の徴収などの方法もあるが、居住者から反対の声が出る可能性があり、頭の痛い問題だ。

1-4 高経年、高齢化「2つの老い」

●老朽化ストック増大で起こる問題

　いま、多くのマンションが「建物の老朽化」と「居住者の高齢化」という2つの老いに直面しています。築30年以上の物件は、2011年末に100万戸を超え、さらに東京オリンピックが開催される2020年末には、200万戸を超えると推察されています。このように老朽化ストックが増大する中、スラム化を防ぐためには、適切な維持管理や建替え等に対応することが重要です。

　そもそもマンションを購入するタイミングは、新婚時や子供が産れた時等、人生において限られています。

　現在築40年のマンションで新築時に購入した区分所有者の場合、その人は年金等で暮らす70代の方という可能性が高いといえるでしょう。もし、このマンションでエレベーターがなく、段差も多いとしたら、この居住者にとっては、日々の買い物等が不便というだけでなく、外に出る機会が減り、健康にも影響を及ぼしかねません。40年前というと現在のように「バリアフリー」という考え方もなかったため、スロープがある建物も少ないのが一般的です。

●コミュニティが生まれやすい場へ

　こうしたマンションでは外部との接触が減り、近年問題になっている「孤立死」を招く原因となります。また、建物の老朽化に対応するためには、区分所有者間の合意形成や金銭的な負担を明確にすることが重要です。しかし、なかには居住者の高齢化により、金銭的な負担や合意形成の参加に応じることが困難となり、スラム化の原因になっているケースもあります。

　これからの超高齢化社会に向け、高齢者にとって住みやすくコミュニティが生まれやすいマンションを作っていくことが、合意形成へのコツであり、マンションの資産価値を守ることにもつながります。

図 1-4-1　高経年、高齢化「2つの老い」

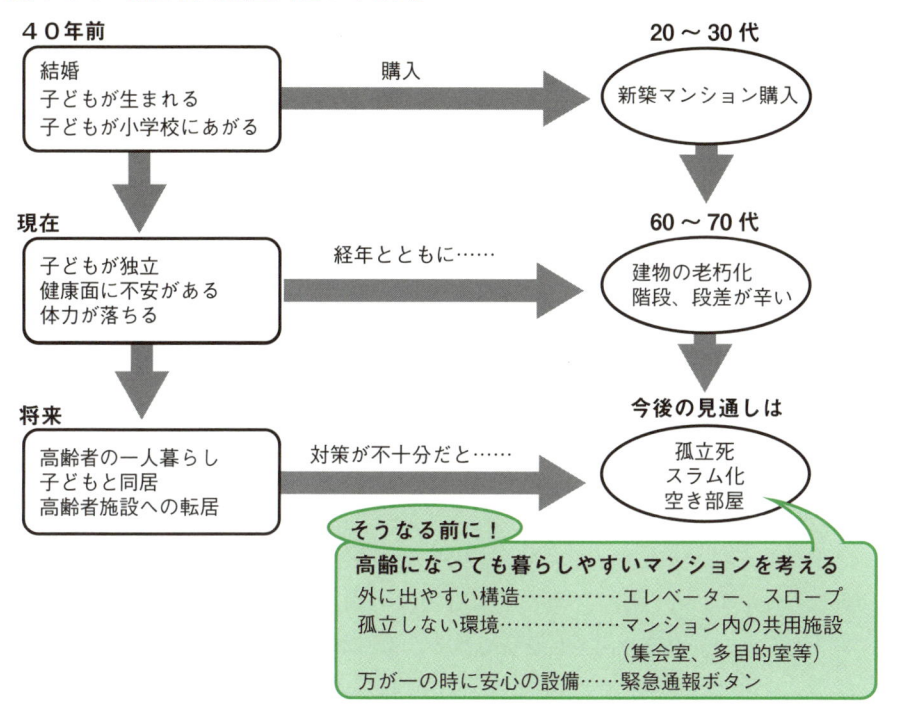

40年前
- 結婚
- 子どもが生まれる
- 子どもが小学校にあがる

→ 購入 → **20〜30代**：新築マンション購入

現在
- 子どもが独立
- 健康面に不安がある
- 体力が落ちる

→ 経年とともに…… → **60〜70代**：建物の老朽化、階段、段差が辛い

将来
- 高齢者の一人暮らし
- 子どもと同居
- 高齢者施設への転居

→ 対策が不十分だと…… → **今後の見通しは**：孤立死、スラム化、空き部屋

そうなる前に！
高齢になっても暮らしやすいマンションを考える
- 外に出やすい構造……………エレベーター、スロープ
- 孤立しない環境………………マンション内の共用施設（集会室、多目的室等）
- 万が一の時に安心の設備……緊急通報ボタン

図 1-4-2　高齢一人暮らし世帯数の推移

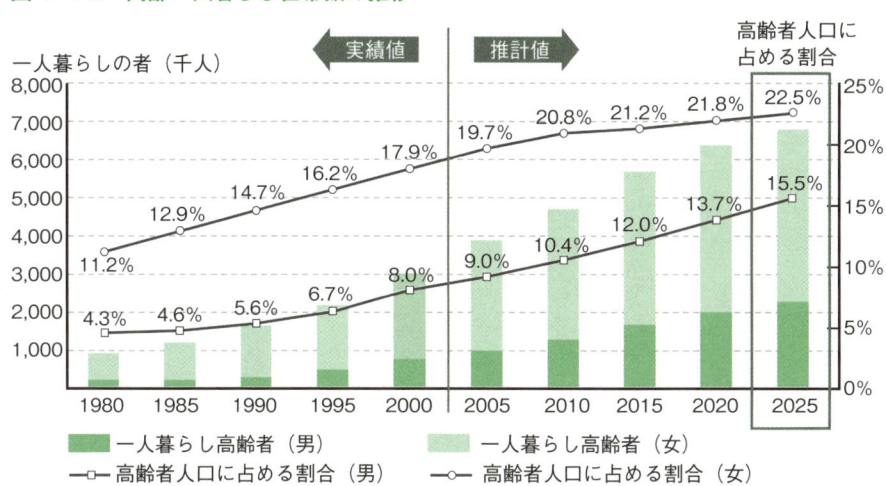

一人暮らしの者（千人） ／ 高齢者人口に占める割合

◀実績値　推計値▶

高齢者人口に占める割合（男）：
- 1980: 4.3%
- 1985: 4.6%
- 1990: 5.6%
- 1995: 6.7%
- 2000: 8.0%
- 2005: 9.0%
- 2010: 10.4%
- 2015: 12.0%
- 2020: 13.7%
- 2025: 15.5%

高齢者人口に占める割合（女）：
- 1980: 11.2%
- 1985: 12.9%
- 1990: 14.7%
- 1995: 16.2%
- 2000: 17.9%
- 2005: 19.7%
- 2010: 20.8%
- 2015: 21.2%
- 2020: 21.8%
- 2025: 22.5%

凡例：
- 一人暮らし高齢者（男）
- 一人暮らし高齢者（女）
- 高齢者人口に占める割合（男）
- 高齢者人口に占める割合（女）

資料：総務省「国税調査」、国立社会保障・人口問題研究所「日本の世帯数の将来推計」、「日本の将来推計人口」

1・マンションのいま

❗ 不況でも欲しい!?　高級マンション「億ション」

　マンションの購入価格はいくらぐらいが一般的だと思いますか？　頭金以外に年収の5倍程度の住宅ローンを組み、立地や利便性なども考慮すると、2千万円～5千万円程度という人が多いかと思います。

　しかし、誰しも一度ぐらいは美しい夜景や豪華な施設、ホテルライクの暮らしなどに憧れ、超高層マンションの最上階や高級分譲マンションに住んでみたい！　と思ったことがあるのではないでしょうか。いわゆる一戸あたりの売買価格が1億円をゆうに超えるような物件「億ション」のことをいいます。

　記憶に新しいところでは、2013年9月に1坪（3.3平方メートル）あたり800万円、最高価格が5億4000万円台というマンションが東京都千代田区で売りに出され、すぐに完売しました。デベロッパーによるとこのマンションは、リーマン・ショック後、最も高いマンションとして、「最高級億ション」といわれているそうです。

　住居をステータスシンボルとする考え方や需要は、好況・不況に関わらずあるようです。近い将来、「億ション」よりさらに高い1兆円台の高級マンション「兆ション」が売り出される日も来るかもしれませんね。

第2章

管理の基礎知識

マンションの管理組合はどのように成り立っているのか、
困った時はだれに相談するのかなど、
ここではマンション管理業務においての第一歩といえる、
基礎知識について学びます。

2-1 マンションの資産価値

●マンションの資産価値とは

　2020年のオリンピック開催地が東京に決定した直後から、日本の窓口となる都心や開催地近くの湾岸エリアを中心に、土地や建物の価格が急上昇しています。一昔前までは一戸建てを建てるまでの仮住まいというイメージだったマンションも、近年では終の棲家（ついのすみか）と考える人や、投資対象として購入する人が増えています。

　このように「資産」と捉えられる傾向が強くなっているマンションですが、この「資産価値」はどのような基準で評価されているのでしょうか。

　わかりやすいところでは、転売した際の価格「再販価値」と、賃貸した際の賃料「収益性」があります。つまり、いかに「高く売れ」「高く貸せるか」がポイントというわけです。このマンションに住みたい・買いたいと思う人が多い、すなわち住まいとしてのニーズがどれだけ多いかは重要なファクターとなり、もちろん売り主、貸し主にとっても重要な判断基準となります。そして必然的に資産価値も上がることになります。

●資産価値の将来性とは

　どれだけ頑丈な建物でも、経年とともに劣化していくのはやむを得ません。劣化の進み具合は環境にもよりますが、いずれにしろ維持保全や管理をしない状況で無限に使用し続けることは、まずできないでしょう。

　また今後、外的要因として考慮したいのは人口減少の問題です。約30年後には、日本の人口は1億人を割り込む可能性があるとされるなかでも住宅が増え続けるとなれば、住宅本来の所有者が住むという住宅ニーズが低下することは目に見えています。つまり、立地や利便性が良く、現在資産価値が高いとされているところでも、今後過疎化する地域や空室だらけのマンションが出てくることが想定されます。こうした傾向を踏まえ、立地や利便性以外にも付加価値がある方が、資産価値が落ちにくいといえます。

図 2-1-1　これからのマンション価値

一昔前のマンションに求められていたイメージ

- プライバシー重視
- ご近所づきあいは必要なし
- 戸建てを購入するまでの仮住まい
- 資産価値の上昇
- 鍵一つで外出
- 不動産価値としては土地が重要

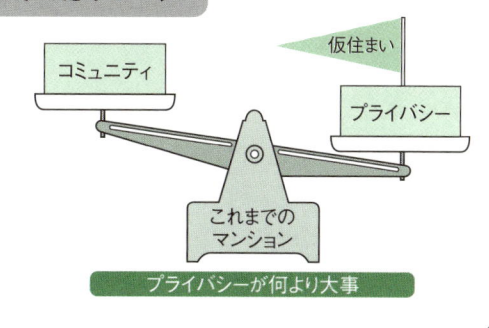

（これまでのマンション：プライバシーが何より大事）

これからのマンションに求められるイメージ

- プライバシーとコミュニティのバランス
- 終の棲家
- 免震、耐震構造
- 災害時の備蓄、簡易トイレ、在宅避難
- マンション内の定期巡回によるセキュリティ
- 不動産価格の上昇は期待できない
- 単身者の増加、高齢者の一人暮らしの増加に対応したコミュニティ形成

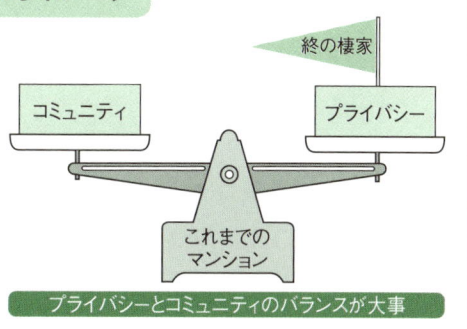

（これまでのマンション：プライバシーとコミュニティのバランスが大事）

> **❗ 今後のテーマは「選ばれるマンション」**
>
> 　一生で一番大きな買い物ともいわれる住宅。個々の住宅へのニーズは、ライフスタイルや価値観に応じて多種多様化しています。今後のマンションは、"選ばれるマンションになること"が重要といえます。環境性や経済性の向上とともに資産価値を上げる、つまり、資産価値を下げない努力の1つとして、適正なマンション管理があります。

2・管理の基礎知識

2-2 資産価値を高めるマンション管理

●居住者から見たマンションの資産価値

　ここに来て資産価値の落ちないマンションがにわかに注目を集めています。「貸せる」「売れる」「割高」「割安」等、マンションは利回りが重要だというイメージがあるかもしれません。

　しかし、その一方で住んでいる居住者の立場からすると、マンションの資産価値はこうしたキャッシュフロー重視の収益価格だけでなく、管理が行き届いているかどうかが重要なファクターとなります。

　例えば、ゴミ置場や駐輪場が整理整頓されているか、エントランスが汚れていないか、管理員の対応は感じがよいか等、まずは第一印象でマンション管理のレベルが判断されます。また、居住者が快適だと感じること、建物に良い環境であることは資産価値に大きな影響を及ぼす、ということを忘れてはいけません。

●さまざまな角度から管理業務を

　マンションの3大トラブルともいわれる「ペット」「駐車場」「生活音」は、マンション管理における基本事項ともいえます。その他、理事の成り手がおらず理事会が機能しない、管理費等の滞納があり残高が常に不足している等、マンション管理でのトラブルは随所に発生する可能性があります。

　これらに対処するため、修繕等のハード面、居住者同士のコミュニティ形成であるソフト面、さらには管理組合の運営を行う上で重要なお金を総合的に機能させること、それこそがマンション管理といえます。

　管理組合の一員ともなれば、いずれは理事や監事等の役員を引き受けるときがやってくることでしょう。そんな時に「面倒だなぁ」「嫌だなぁ」といったマイナス思考、「一体、何からすればいいんだろう？」という不安が湧いてくるかもしれません。しかし、そんな時に面倒がらずに「とにかくやってみよう！」と前向きな思考で望めるようサポートします。

表2-2-1　マンションの管理方式

自主管理方式	管理組合が管理会社の力を借りずに管理を直接行う方式です。区分所有者等の管理に対する意識の向上につながります。一方で、管理組合の役員等、一部の区分所有者の労力や時間等の負担が生じます。
一部委託管理方式	自主管理方式を基本としつつ、管理の一部を管理会社に委託する方式です。区分所有者個人の労力や時間等の負担が軽減されます。一方で、管理会社に支払う委託業務費や委託した業務について、管理監督等の業務の負担が生じます。
全部委託方式 （一括委託）	管理組合の行う、大半の業務を管理会社に委託する方式です。区分所有者個人の労力や時間等の負担が軽減し、管理会社の専門的かつ総合的なサービスが受けられます。そのため、設備の故障等、緊急時にも迅速な対応が期待できる反面、他の方式に比べて費用負担が増加します。また、他人任せ等により、区分所有者の管理への意識が低下する可能性もあります。

※「一部委託管理方式」「全部委託方式」を採用している場合の業務内容については、「8-3　マンション標準管理委託契約書」（p.148）を参考にしてください。

図2-2-1　マンションの3大トラブル

ペット

駐車場

生活音

2-3 管理組合（組織と運営）

●管理組合と組合員

　集合住宅であるマンションは本来、区分所有者全員が共同で管理するというのが原則です。そこで区分所有者全員の意思をくみ、全員で管理を行うための団体として、「管理組合」（図2-3-1）を構成することになります。区分所有者はこの管理組合の構成員（組合員）となり、任意に脱退することはできません。

　反対にマンションの区分所有者でなくなったとき、組合員の資格は当然に喪失します。つまり、区分所有権の得失と組合員としての資格の得失は、同時ということになります。そこで管理組合としては、区分所有者（組合員）が誰であるかを常に把握するため、組合員名簿を作成する必要があります。

●管理組合の役割

　管理組合の総会は、区分所有法において組合の最高意思決定機関と位置づけられています。したがって次の①〜③のような建物等の管理に関する重大事項は、原則として、すべて総会の決議により決定することとされています。
　①必要に応じて総会を開き、団体としての意思決定を行う
　②管理の基本的ルールである規約の設定・変更
　③管理業務を執行する管理者（管理組合の理事長・理事）の選任

●管理組合と管理会社の関係

　このように、マンションは区分所有者によって構成される管理組合での話合いによって管理がなされます。しかし、多くのマンションでは区分所有者だけでは管理をしきれないという理由から、外部の専門家に管理を委託しています。これら管理を担うのが管理会社（管理業者）等で、管理組合は管理会社との間で管理の何をどのように任せるかを管理委託契約で取り決めます。

図 2-3-1　管理組合（組織と運営）

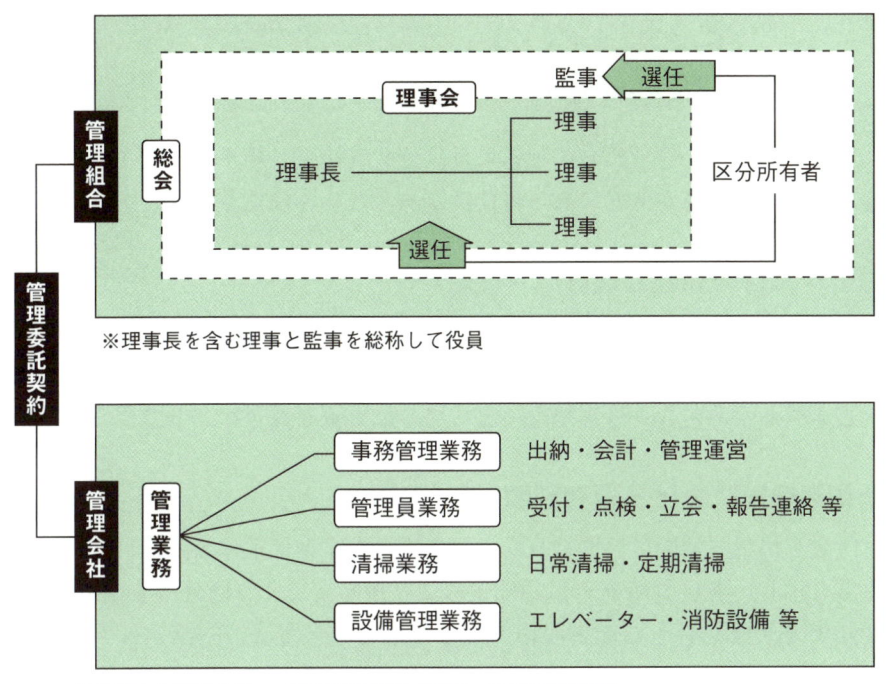

```
                    ┌─────────────────────────────────────┐
                    │          ┌─── 監事 ◀── 選任 ──┐      │
                    │  ┌理事会──────────────┐       │      │
 ┌管理┐  ┌総┐      │  │         ┌── 理事   │       │      │
 │組合│──│会│──────│  │ 理事長──┼── 理事   │  区分所有者 │
 └──┘  └─┘       │  │         └── 理事   │       │      │
   │              │  └───────── 選任 ─────┘       │      │
   │              └─────────────────────────────────────┘
   │           ※理事長を含む理事と監事を総称して役員
 管理
 委託
 契約
   │              ┌────────────────────────────────────┐
   │              │          ┌ 事務管理業務  出納・会計・管理運営
   └─管理会社─管理業務┤ 管理員業務   受付・点検・立会・報告連絡 等
                  │          ┤ 清掃業務     日常清掃・定期清掃
                  │          └ 設備管理業務  エレベーター・消防設備 等
                  └────────────────────────────────────┘
```

※管理組合と管理会社 ⇒ 管理委託契約を締結（自動更新不可）
　　　　　　　　　　管理組合：管理業務を管理会社に委託
　　　　　　　　　　管理会社：受託業務の実施

❗ マンション管理業者とは？

　マンション管理適正化法でいう「マンション管理業（2条7号）」とは、管理組合から委託を受け管理事務を行う行為で、業として行うもの（マンションの区分所有者等が当該マンションについて行うものを除く）をいいます。なお、マンション管理業者（いわゆるマンション管理会社）は、国土交通大臣への登録（有効期間は5年）が義務づけられています。また、登録を受けた管理業者は、管理事務の委託を受けた30の管理組合につき、1人以上の成年者である専任の管理業務主任者を事務所ごとに置かなければなりません。

2-4 総会の運営

総会・理事会・管理組合の運営には区分所有法上、細かい規定があります。違反すると決議等が無効になる可能性があるため、注意をしましょう。

●管理組合の組織と運営

通常（定期）総会（表2-4-1）では、管理組合運営の活動報告や来期の予算取り等、マンションに関する様々なことを決定します。これは年に1回以上必ず開催するべき、管理組合にとっての最も重要なイベントです。

●招集手続における通知期間

総会を招集する際は、開催日から少なくとも1週間前に会議の目的となる事項を示し、各区分所有者に通知することが必要です（区分所有法35条）。通知の方法は、必ずしも書面による必要はなく、電話、FAX、Eメール等でも可能ですが、トラブルを防ぐため、口頭による通知は避けましょう。

●総会の成立要件

区分所有法上、総会が有効に成立するための出席者数（定足数）の制限はありません。マンション標準管理規約では、「議決権総数の半数以上を有する組合員の出席で成立する」と規定していますが、各マンションの規約で自由に定足数を定めることができます。必ず規約を確認しましょう。

●議事進行

議事進行を行う総会の議長は、規約で理事長とするのが一般的です。

●議事録の作成

総会の決議は、特定承継人や占有者に対しても効力を有するため（区分所有法46条）、議事録を作成しておく必要があります。この議事録への記載は後日のトラブルを防ぐ意味もあります。

表 2-4-1 総会の運営

通常総会	必ず毎年1回以上、定例的に開催される総会
臨時総会	必要に応じて理事会の決議を経て開催される総会

図 2-4-1 総会のご案内、総会出席票、委任状

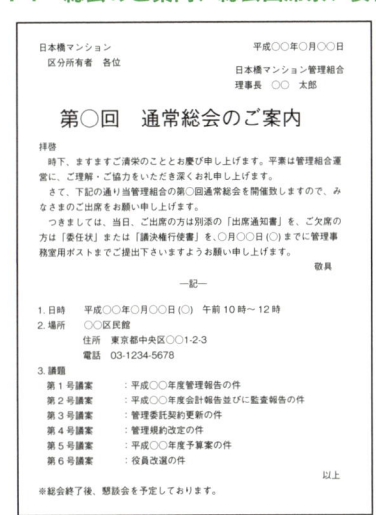

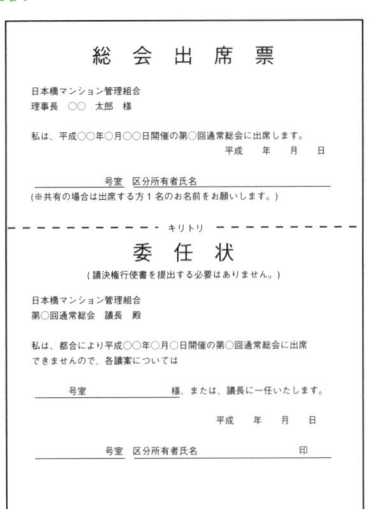

招集通知の内容（各区分所有者に通知する内容）

集会の日時・場所

会議の目的たる事項（総会において検討・決議する議題）

「役員の選任」「規約の変更」「修繕積立金の額の変更」
「外壁補修工事の実施」等

この通知期間は、あらかじめ各区分所有者に、総会に出席するための日程調整や、やむを得ず出席できない場合、代理人を頼む等の検討や議題について調べ、意思決定をする時間を与えるため等に設けられています。

2-5 理事会と役員

●理事会とは

　区分所有法に定められた必須の機関ではありませんが、多くの管理組合で理事会が設置されています。理事会は、総会の決議（意思決定）をもとに具体的な業務執行を担う機関です。

　それは、総会を頻繁に開催するのはさまざまな負担がともなうため、一般的に通常総会や臨時総会では重要事項のみが決議されます。マンションに関するさまざまな課題・問題に臨機応変に対応するため、理事会の果たすべき役割は非常に大きいといえます。

　つまり、理事会は各組合が任意で設置した規約上の機関であり、会議の開催頻度、定足数、代理出席制度の有無、決議要件、議事録作成等について、規約で定める必要があります。なお、マンション標準管理規約によれば、理事会議事録も総会議事録と同様に作成し、利害関係人からの請求に応じて閲覧できるようにしておく必要があります。

●管理組合の役員

　マンション標準管理規約（35条、38条〜41条）では、管理組合には理事長、副理事長、会計担当理事、理事、監事という役員が置かれています。
　・理事および監事は、組合員のうちから、総会で選任します。
　・理事長、副理事長および会計担当理事は、理事の互選によって選任します。
　・各役員の職務は、右ページ（表2-5-1）のとおりです。

●役員の引継ぎ

役員の任期について
　①法律上の制限はありません。
　②再任も可能です。
　③一般的には1〜2年ごとに理事全員もしくは半数を改選します。

表 2-5-1　理事会と役員

総会	管理組合に関する重要なことは、総会で決議をします。しかし、予測できない突発的なトラブル等の対応や日常の管理状況の確認等の全てにその都度、区分所有者全員が集まって決めるのは、現実的ではないため、理事会で決議をします。
理事会	総会で選任された理事は、管理組合の代表として、管理事務の確認や検討をします。
専門委員会や部会	理事会は、諮問機関として、ある特定事項に事前調査や検討、準備に相当の期間、労力等が必要な場合、必要に応じて経験や専門知識のある区分所有者を中心とした専門委員会や部会を設置し、任せることができます。例えば、大規模修繕委員会や管理規約改定委員会があります。

理事の役職と役割の一例	理事長	管理組合の代表として、業務を統括します。マンション管理に必要な契約を締結したり、書類や印鑑を保管、支払いの決済等を行います。規約、使用細則等または総会もしくは理事会の決議により、理事長の職務として定められた事項を行います。理事会の承認を得て、職員を採用しまたは解雇することもできます。一般的には、理事長が管理者であることが多いです。
	副理事長	理事長を補佐し、理事長に事故がある時はその職務を代理し、理事長が欠けたときはその職務を行います。
	会計担当理事	管理費等の収納、保管、運用、支出等の会計業務や確認を行います。
	広報担当理事	管理組合状況等を周知するための掲示や広報紙等を担当します。
	町内会担当理事	町内会とのやりとりを担当します。
	企画担当理事	防災訓練やお祭り等の行事・イベントを企画立案し運営します。
監事		管理組合の業務執行状況や財産状況、理事会運営が適正かどうか等を監査し、総会で報告します。理事会で意見を述べることはできますが、監事と理事を兼務することはできません。
役員		理事（理事長や副理事長等の役職）と監事を総称して役員といいます。
役員の決め方		その都度、立候補制もしくはあらかじめ決められた輪番制が多いです。

※実際は、個々の事情により、理事の担当職務や名称、役員の決め方はさまざまです。

2-6 管理組合の会計

●管理組合の会計

　管理組合の運営に会計は欠かせません。一般的に「管理費会計」「修繕積立金会計」と管理組合によって「駐車場会計」等が設けられています。また、管理費等の支払いは銀行等の自動振替によって行われるのが基本ですが、管理組合によっては来客用の駐車場使用料等を窓口で直接集金する等、小口現金を取り扱う場合もあります。

　なお、管理組合の運営は、予算に基づいて行われる予算準拠主義です。必ず予算を把握し、「予算にない支出はしない」「予算にない支出をするときは必ず管理組合の承認を得る」を原則として業務を行います。どの勘定科目からお金を使用するかは、総会で承認された予算書の摘要によります。総会議案書等の予算書は必ず確認しておきましょう。

●小口現金

　管理組合や管理会社の慣習により、役員や管理員等が1週間や1か月といった一定期間を区切として、少額の現金を預かることがあります。こうした現金は文具類の購入等、少額の消耗品を購入する際に使用され、一般的に小口現金と呼ばれます。

　小口現金は、必ず支出の証拠となる納品書、請求書、領収書といった証憑（しょうひょう）書類を保存し、不明なお金の支出がないようにしなくてはなりません。また、一定期間（1週間や1か月）ごとに、いくら現金を使用したのか管理組合や管理会社へ報告する必要があります。これら報告のためには、日々現金を管理し、逐一正確に記録する必要があります。一般的には「現金出納帳」や「小口現金明細表」等の帳簿を設け、管理・記録のうえ報告します。

　金銭に関するトラブルは金額に関わらず、築いてきた信頼が一瞬のうちに消え去るということを肝に銘じ、厳格な取り扱いのうえ、迅速かつ的確に処理することが大切です。

表 2-6-1　管理組合の会計

管理費	日常の清掃や点検、水道光熱費、管理会社への管理委託費、損害保険料、管理組合運営費、消耗品費等に使われるお金をいいます。
修繕積立金	管理費とは別に計画的な大規模修繕に備え、区分所有者から毎月一定額を徴収して、積み立てる仕組みをいいます。この修繕積立金は、長期修繕計画が、数字の算定根拠になっています。
修繕積立基金	修繕積立金を補うため、分譲時にまとめて支払うお金をいいます。
修繕積立一時金	修繕積立金が不足し、修繕費を補うために徴収する一時金をいいます。中には一時金ではなく、無理な値上げや借入れをするマンションもあります。
専用使用料	マンションの共有部分（敷地や建物共用部分）を、独占的に使用するための対価として支払う使用料をいいます。使用する者と使用しない者との不均衡を解消する目的で徴収されます。一般的に駐車場や駐輪場使用料、専用庭使用料、ルーフバルコニー使用料等があります。

※管理費や修繕積立金は、「管理費等」と総称されます。

> **⚠ 出納帳・明細表への記録を忘れずに**
>
> 「現金出納帳」や「小口現金明細表」に書かれた残高と、手元で管理している現金は必ず一致しなければなりません。不一致を防ぐために、現金の増減があった場合、必ず出納帳や明細表に記録をする習慣をつけましょう。
>
> なお、管理組合の小口現金と管理会社の小口現金がある場合、混同しないように注意します。

2-7 マンションの保険

●マンションの保険

　マンションでは火災や地震、ガラスの破損に水漏れ、外壁タイルの落下等、様々な事故が発生する可能性があります。これらに備えるためには、保険への加入が必要です。マンションには専有部分と共用部分が存在し、それぞれ管理の主体が異なります。そのため、保険の付保（加入）をするときもこの両方を区分して、それぞれの用途に応じた保険を選び加入しましょう。

●保険に関しての留意点

　マンション管理における保険の適用では、次の点に注意をしましょう。
①マンション内のすべての事故が保険金の支払いの対象となるわけではありません。保険の補償範囲は、保険会社と結んだ契約に基づいて決められていることを忘れないようにします（例：雨漏り、設備等の経年劣化等）。
②契約している保険の内容により、補償内容・範囲のほか、被保険者（保険金請求者）が異なります（例：水災害の担保・不担保、地震等）。
③保険適用の有無、損害の範囲・認定額は、保険会社が判断のうえ決定します。保険金の支払対象になるかわからない事故等に対し、保険事故の認定の可否、損害範囲、認定額等の断言をすると、後々トラブルになる可能性があります。特に保険の代理店になっている管理会社は注意しましょう。
④多くのマンションで加入している「マンション総合保険」の補償範囲は、共用部分に限られており、専有部分の被害についてはマンション総合保険ではカバーされません。

　専有部分の補償が必要な場合は、区分所有者や居住者自らが「火災保険」や「家財保険」等に加入しなければなりません。
　また、保険契約を結ぶ際には、共用部分と専有部分の境目について確認する必要があります。この境目については、多くのマンションで「上塗基準」が採用されており、この基準に基づいて保険価格が算出されます。

表 2-7-1　保険の種類

種類	内容
マンション総合保険	共用部分の様々な事故について対応する保険です。マンションにおいて通常必要とされる補償内容を一通り包括しており、火災・落雷・爆発・漏水・水災等を原因とする破損から、例えば、車をぶつけてしまい機械式駐車場を壊してしまった場合、電気配線のショートで廊下の照明が破裂した場合等、共用部分と附属施設の故障についても補償されます。この保険は、共用部分が対象となり、専有部分に損害が生じても、補償の対象とはなりません。
共用部分火災保険	火災や爆発、落雷等で建物の共用部分および付属設備が故障した場合に補償されます。なお、地震を原因とする火災や損壊・埋没は、地震保険の補償範囲になるため、この保険では補償されません。
ガラス保険	エントランスや管理事務室、集会室をはじめとした、あらゆる共用施設のガラス破損に対応する保険です。
施設所有者賠償責任保険	共用部分の構造や設備に不備があったり、管理組合の管理に落ち度があって発生した対物および対人事故について補償します。例えば、マンションの窓ガラスが落下して通行人にケガをさせたり、居住者の不注意で来客にケガを負わせた場合等に補償されます。
個人賠償責任保険	日常生活の中で居住者が偶然の事故によって他人にケガをさせたり、他人の物を壊してしまった場合、その被害者に対する損害を補償します。例えば、蛇口を閉め忘れ、階下に漏水して天井や壁を汚した場合や、子供がキャッチボールをしていて、誤って窓ガラスを割ってしまった場合等にこの保険が適用されます。
地震保険	地震、噴火またはこれらによる津波を原因とした火災、損壊、埋没または流失による損害を補償するための保険です。

> **❗ 地震等による損害は地震保険でカバー**
>
> 　火災保険では、地震等による火災によって生じた損害、地震等によって延焼・拡大したことにより生じた損害は、いずれも補償の対象とはなりません。これら損害を填補するためには、地震保険への加入が必要です。その他、駐車場があるマンションでは、車両保険や機械式駐車場にかける機械保険を目にする機会もあるかと思います。一般的に管理組合では、マンション総合保険と個人賠償責任保険を付与させた保険に加入していることが多いでしょう。

2-8 マンションで働く人々

　マンションで働く人には窓口業務を担当する管理員やコンシェルジュ、清掃員、総会や理事会支援等の管理組合の運営全般を担当するフロント担当者等がいます。それぞれの職種と関連職種との違いについて見ていきましょう。

●どんな人たちが働いているか

●フロント担当者
　管理委託契約の事務管理業務である総会や理事会支援等の管理組合の運営全般を担当します。また管理会社によっては、建物の維持または修繕の企画や調整、会計の収入や支出の調定等、業務内容が多岐に渡ることもあります。

●コンシェルジュ
　コンシェルジュは、共用施設の利用申込受付、宅急便の受付、クリーニングの受付のほか、タクシーの手配や花の宅配の仲介等、日常の用事や手配等を居住者に代わり行います。秘書的なサービス要素が強く、ホテルライクなマンションライフを求める比較的大規模なマンションに配属されることが多いでしょう。

●管理員
　管理組合の運営全般を補助する役割で、主に管理組合と管理会社との契約で定められた管理業務を行います。また清掃員がいない場合は、管理員が清掃員の代わりに日常清掃をする実施マンションも多く存在します。

●清掃員
　ビルやマンションに配属され清掃を専門に行います。どんな場所を清掃するかにより、清掃方法や使用する用具が異なります。

●警備員
　警備員は警備業法に基づき、必ず他人（もしくは他社）との契約に基づいて、他人（もしくは他社）の需要に応じた警備を行います。施設警備、雑踏警備、輸送警備、身辺警備（ボディガード）等が警備内容です。

図2-8-1 マンションで働く主な人々

フロント担当者 
一般的に10〜15程度の管理組合を担当し、管理組合の運営全般をサポートします。

コンシェルジェ 
カウンターに立ち、居住者の応対をします。

管理員 
受付・点検・立会・報告連絡業務が中心です。

清掃員 
通路や階段等、共用部分の清掃を行います。管理員が兼務する場合もあります。

警備員 
マンションの治安を保持するため、時間を問わず建物内外の警備をします。機械警備の場合は、異常の感知で現場に駆けつけます。

> ### ❗ マンション管理員とビル管理員との違い
>
> ビル管理員は、業務内容によりその分野の専門的な資格を必要とされる場合が多く、誰もがなれる職種ではありません。一方、マンション管理員は経験不問で、管理員になってから管理会社等の教育や「マンション管理検定」を受け専門知識を習得することが一般的です。資質としては、コミュニケーション能力がある方が望まれます。
>
> また、高齢になっても管理組合に望まれ健康であれば、契約の更新や、なかには管理会社の定年を迎えても、そのまま管理組合の直契約で継続して勤務している管理員もいる等、生涯現役といえるほど長く働ける職種です。

2-9 専門家の活用とマンションの関連資格

　マンションには、様々なライフスタイルを送る居住者が住んでいます。多くの居住者がいれば、それだけトラブルの内容も多岐にわたるといえるでしょう。しかしほとんどの役員は、管理組合の運営について専門的知識を持ちあわせていません。そこで特に複雑な問題に直面したときは、頼れる専門家の支えがあると心強いでしょう。近年、管理組合や居住者個人が各方面の専門家と顧問契約等を結ぶケースも増えています。専門家の活用とマンションの関連資格をご紹介します。

●専門家の活用

　マンションの管理規約に「管理組合の運営や管理全般について、専門家に相談したり、助言、指導、援助を求めたりすることができる」という条文が記載されていることが多いでしょう。どのような専門家がいるかについては、右ページの（表2-9-1）を参照してください。

●マンション管理士は、各種専門家への「道案内役」でもある

　同じ専門家でも、その世界で特に強い分野とそうでない分野とがあります。例えば、弁護士に依頼する際は、マンションに関連の深い「区分所有法」に詳しい人を選びましょう。また建築士に助言を頼む場合は戸建て・新築が専門では不適切で、マンションの修繕について経験豊富な人がベターです。

　なお、弁護士や司法書士、行政書士等はそれぞれで担当できる業務が決められています。例えば、弁護士資格を持たない人が弁護士業務を手がけた場合、「非弁活動」として罰せられます。それぞれの業務の範囲がどこにあるか、一般にはあまり知られていません。

　誰に頼めばいいかわからない場合には、まずマンション管理士に相談することをお勧めします。マンション管理士は各専門家の守備範囲を把握していますし、業務を通じて専門家とつながりを持っているケースも少なくありま

せん。つまり「誰かいい人を知りませんか？」と相談をすれば、適切な専門家を紹介してもらえる可能性は高いといえます。いわば、専門家への「道案内役」も担っているのがマンション管理士なのです。

マンション管理は、多岐に渡るため、理事会等で解決できないときは、マンション管理士等の頼れる専門家の活用や、公的機関の相談窓口で相談してみましょう。

表 2-9-1　専門家の活用

マンション管理士	管理規約、使用細則の制定や改定、管理費等や管理委託契約の見直し、大規模修繕工事の進め方等、マンション管理に関する専門的知識を持って、管理組合の運営全般をアドバイスします。
弁護士	法律の専門家です。管理費等の長期滞納者に対する法的処置や違反行為の差し止め等の請求を訴訟によって行うことを検討する場合にサポートを受けます。
司法書士	登記や供託手続きの専門家です。管理組合の法人化の相談や、法人登記等を依頼できます。また、一定額以下の未納管理費等の支払い請求訴訟の代理実行も依頼できます。
行政書士	権利義務や事実証明に関する書類作成の専門家です。総会議事録や車庫証明の作成人になってもらうことができます。
建築士	建物や設備の劣化診断、大規模修繕、長期修繕計画、耐震診断等の相談、これらの診断や設計、監理の実務を依頼できます。
公認会計士・税理士	会計に関する相談に対応してもらえるほか、管理組合会計の財務諸表や監査を依頼できます。駐車場の外部貸し、携帯電話基地局（アンテナ）の設置料収入等、収益事業の税金相談も可能です。

※その他、マンションの関連資格には、管理業務主任者、マンション管理員検定マンション維持修繕技術者、マンションリフォームマネージャー等があります。

❗ 町内会・自治会とマンションの管理組合

　町内会（自治会）は、その地域に住む人が互いに支え合い、日常生活に必要な情報交換や安全確保等を行ったり、暮らしをより快適にするために協力し合ったりする自治組織です。

　例えば、ゴミステーションの設置や管理、お祭りなどのイベント、防犯パトロール、防災訓練、子どもやお年寄りの見守りといった取り組みを通じ、まちづくりを進めます。任意団体なので、その町内に住んでいることを理由に加入を強制することはできませんし、加入を拒否しても法的には何ら問題はありません。ただし、地方自治法によっては、地縁団体とされていて、法人格を得た組織もあります。

　一方、管理組合は、区分所有法によって、分譲マンションの購入者（区分所有者）全員の加入が義務づけられています。同じ地域（マンション）に住み、皆の暮らしを快適にするために協力し合うという点では町内会（自治会）と同じですが、参加を拒否できない点については決定的に違います。

　また、大規模マンションの中には、地域の町内会（自治会）に加入するのではなく、マンション単位で自治会組織を設けているところもあります。この場合、管理組合と自治会では、構成メンバーがまったく同じということもあるのですが、管理組合の目的は共有財産の維持、町内会（自治会）の目的は居住者相互の親睦と、全く方向性が異なります。そのため、会計などの面では、両者を別々に運営することが望ましいでしょう。

管理組合は区分所有法によって加入が義務づけられています！

第3章

清掃

清掃業務は、マンション管理における
もっとも重要な業務の1つといえます。
居住者の快適性だけでなく、
建物の資産価値を維持することにもつながります。

3-1 清掃業務の種類（日常・定期・特別）

●清掃する目的

　マンションを清掃する目的には、主に「快適な衛生的環境の確保」「建物等の寿命の延命」「美観の向上」の3つがあげられます。

　それぞれのマンションの特性を反映した清掃範囲と計画に基づき、汚れ物質の除去作業を行っていきます。清掃業務はその出来栄えが一目瞭然で、居住者や来訪者から真っ先に評価されやすい業務の1つです。そのため、適切な方法で効果的に実施しましょう。

●清掃業務の役割

　自主管理マンション等、なかには居住者自らが日常的に清掃を行うこともあります。しかし、清掃業務はマンション標準管理委託契約書のなかで、管理業者が受託する管理業務の1つとされ、専門の清掃員が実施することが前提とされています。

　しかし、小～中規模程度のマンションでは、管理員が日常清掃を行い、定期清掃と特別清掃のみ専門業者が実施しているところも少なくありません。

　また、大規模マンション等で清掃員が清掃を行う場合、管理員は清掃員の出退勤や休暇の管理、作業内容の確認、作業の立会等の作業全般を監督する役割が求められています。

●清掃業務の種類

　マンションの清掃業務は、マンション標準管理委託契約書では、「日常清掃」と「特別清掃」に大別されますが、実務上では、①日常清掃②定期清掃③特別清掃の3つに分類されます（図3-1-1）。一般的に日常清掃と定期清掃は管理委託契約の内容に含まれますが、特別清掃は含まない、というケースが多いでしょう。どの清掃業務をどの程度の頻度で行うかは、それぞれのマンションの管理委託契約で定められています。

図 3-1-1　清掃業務の種類（日常・定期・特別）

日常清掃 	日常清掃業務は、一般的に毎日（勤務日）、もしくは、ゴミの収集日に合わせて週に数回実施するもので、床の掃き拭きやちり払い等を中心とした清掃です。 これは本来、清掃員の業務ですが、管理員が日常清掃を兼務しているマンションも多くあります。
定期清掃 	定期清掃業務は、月ごともしくは数か月に1回程度実施するもので、ポリッシャー（床洗浄機）等、専用の機材を用いた床の洗浄やワックス仕上げ等を中心とした清掃を行います。この清掃業務は、管理会社から委託された専門の清掃業者が実施することが一般的です。この際、管理員は、可能な限り清掃作業に立ち会い、作業完了後の仕上がり状況を確認します。また場合によっては、改善を求める等、適切に対処することが求められます。 なお、マンション標準管理委託契約書では、この清掃業務を「特別清掃」と呼んでいる点に注意が必要です。
特別清掃 	特別清掃業務は、日常清掃業務や定期清掃業務でも対処できない部位等について臨時的に行うもので、臨時清掃業務と呼ばれることもあります。多くは大規模修繕工事の周期に合わせることで予算化や作業の効率化をはかります。 具体的には、照明器具、腰壁、外壁、換気口等の洗浄や吹き抜け部分等の高所作業をともなう、すす払い等を行います。 通常は管理委託契約には含まれておらず、管理組合が別途、契約を締結のうえ実施します。

3-2 清掃範囲と計画

●清掃についての取り決めは

　清掃範囲は共用部分や敷地が対象となりますが、具体的にはそれぞれのマンションの管理委託契約書にある別表の業務仕様書で定められています。

　一般的には、マンション標準管理委託契約書の別表第3の清掃業務の項目を雛形とし、清掃部位や方法、実施頻度、作業時間の目安等について管理組合と管理会社とで協議を行った上で締結します。その内容に基づき、それぞれのマンションで清掃が実施されます。

●効果的・効率的な清掃業務のために

　清掃業務の作業内容や実施頻度等は、マンションの規模や立地条件、利用状況等によって異なります。具体的には、前述の業務仕様書に基づき「作業回数一覧表」（表3-2-1）を作成し、計画的に実施する必要があります。

　作業回数一覧表は無理、無駄、漏れのない清掃業務を実施するために必要です。

　ただし、作業回数一覧表はあくまで「回数」をチェックするためのものにすぎず、清掃の「質」を示すものではありません。「回数」と「質」があいまって、はじめて良好な清掃業務を実現することができます。

　また、マンションの管理組合や管理会社は契約どおりに清掃が実施されているか、作業内容や実施頻度等、恒常的に把握しておく必要があります。

　なお、マンションの顔ともいえるエントランスホールや廊下・階段、建物周り、駐輪場・駐車場、ゴミ置場等の対象別の具体的な作業内容は、3-2-1を確認してください。清掃の作業内容や回数を見直す必要がないか、もう一度業務仕様書を確認してみましょう。

表 3-2-1　作業回数一覧表の例

		日常清掃	
建物周囲	駐車場	ゴミ拾い	○回／○
	自転車置場	ゴミ拾い	○回／○
	ゴミ集積所	ゴミ整理	○回／○
		床洗い	○回／○
建物内部	エントランスホール	床掃き拭き	○回／○
		ゴミ箱・灰皿処理	○回／○
		備品ちりはらい	○回／○
		ドア拭き	○回／○
		金属ノブ磨き拭き	○回／○
		ガラス拭き	○回／○
	廊下	ゴミ拾い	○回／○
		手摺りちりはらい	○回／○
		目隠し板ちりはらい	○回／○
	階段	ゴミ拾い	○回／○
		手摺りちりはらい	○回／○

	定期清掃	
エントランスホール	床面洗浄	○回／○
	床面機械洗浄	○回／○
	ワックス仕上げ	○回／○
	カーペット洗浄	○回／○
階段	床面洗浄	○回／○
	床面機械洗浄	○回／○
	ワックス仕上げ	○回／○
	カーペット洗浄	○回／○
廊下	床面洗浄	○回／○
	床面機械洗浄	○回／○
	ワックス仕上げ	○回／○
	カーペット洗浄	○回／○

図 3-2-1　部位別の作業内容

エントランスホールなど

ひさしの高所部分等はフラワークリーンや天井すす払いを用いて払う

- 床面はほうきで掃き、モップを用いて拭く
- ガム等の付着物は、ガムリムーバー(凍らせて取る薬品)やパテナイフで取る
- 扉のホコリは、フラワークリーンで払い、ぞうきんで拭く
- 金属部分(手すり、連結送水管送水口、館銘板、集合郵便受け等)はフラワークリーンでホコリを払い、乾いたぞうきん等を用いて磨く
- ガラス面はぞうきんで拭き、汚れがひどい時は、中性洗剤を使いスクイジーやウインドウォッシャーで洗浄する

廊下・階段

床面はほうきで掃くか掃除機をかけ、モップを用いて拭く

- ドレインのつまりがないかを調べ、取り除く
- 手すり、照明器具、階数表示板、表示灯、各種警報板等はぞうきんで拭く

建物周り

空き缶やたばこの吸い殻等のゴミを取り除く

- 床面や地面はほうきで掃く
- 目立つ雑草があれば取り除く
- グレーチング(鋼材を格子状に汲んだ排水路のフタ)の中を確認し、ゴミや土、砂等があれば取り除く

駐輪場・駐車場

目立つ雑草があれば、取り除く

- 床面はほうきで掃く
- 照明器具・操作盤のホコリを払い、ぞうきんで拭く

ゴミ置場

床面はデッキブラシを用い、洗剤で洗い流す

- 定期的に消毒液を使用する

3・清掃

3-3 清掃の基本的知識

●清掃の基本的知識

　マンションのように人が居住する場所では、手から出る油脂類が扉に付着するほか、土や砂、綿ボコリ等がたまるなど、時間とともに清潔感が失われていきます。これらの汚れは建物の床や壁、金属部等の建材等に付着します。
　そのため、マンションの清掃では汚れの知識だけでなく、建材の知識も必要となります。また、汚れを除去する具体的な手段や清掃に必要な用具についても知っておくとよいでしょう。

●建材の知識

　マンションでは様々な建材が用いられており、間違った方法で清掃をすると建材を傷めてしまう可能性があります。マンションに使われる主な建材には「弾性床材」の塩化ビニル系床材、リノリウム系床材、ゴム系床材のほか「硬性床材」の大理石、花崗岩（御影石）、磁器質タイル、テラゾー（人工石）、コンクリート・モルタル等があります。清掃をする上ではそれぞれの建材の耐水性・耐洗剤性、材質について把握しておかなければなりません。

●汚れの知識

　マンションの汚れやすい箇所は、構造的な形状や部位により大きな違いがあります。特に汚れやすい部分としては、建物の上部面、コーナー部、目隠しルーバー、パラペット、軒下やひさし下部、軒裏やひさし裏、ひさしの先端部、面の下端部、水平部、雨水の跳ね上げ部、建物の北面、開口部の下部、ガラリ（ブラインドの桟を固定させた扉）、窓ガラス等があります。建物の汚れは、①生物的、②物理的、③化学的なものに大別されます。

●汚れ除去の手段と主な用具

　汚れの除去手段・適用例と使用する主な用具は、表3-3-2のとおりです。

表 3-3-1 汚れの種類

①生物的	ダニ・カビ・植物の花粉・動物や人体のアカや毛、血液等
②物理的	微粒子（ホコリ、塵等）・水分（結露等）・油分（植物油、人体の油脂等）・キズ（運搬時・ペットの爪キズ等）
③化学的	有機溶剤（溶剤、塗料、接着剤等）・薬品（消毒剤等）・臭気（建材・排泄物・タバコのヤニ等）

表 3-3-2 汚れ除去の手段と主な用具

除去手段	適用例	主な用具	
掃く	床材の表面にホコリがのっている。	ほうき・ブラシ・毛ガキ等	
拭く	壁材・窓材の表面にべたついたものが付着している。	ぞうきん・ワイパー・スクイジー・ウインドウォッシャー等	
払う	建材の表面にホコリがのっている。	毛ばたき・フラワークリーン（除電払い）・天井すす払い・ハンディモップ等	
叩く	建材の内部に刺さっているものや床材の表面のしみ。	カナヅチ・固く絞った布	
吸う	カーペットの織目にホコリがつもっている。	掃除機・真空掃除機（バキュームクリーナー）	
吹く 噴射する	床材の表面にホコリがのっている。床材の表面にべたついたものが付着している。	清掃用送風機（ブロワー）・高圧噴射洗浄機	
擦る	鉄部にサビが付着している。	やすり・サンドペーパー	
削る	建材の表面にかさ高に固着したものがある。	パテナイフ・スクレーパー・へら	
流す	建材の表面に固着したものがある。	バケツ・ホース・パテナイフ	
取る	水に溶けたものが硬く固着している。	へら・パテナイフ・パッド	

3-4 清掃用具

●主な清掃用具

　清掃の際は、さまざまな用具を使用します。次にあげるものは、そのうち特によく使われる清掃用具です。

●自在ボウキ

　自在ボウキとは、4～5cm幅の穂先が板状のものに取り付けられているブラシホウキです。柄と接合部がねじで取り付けられているため、向きを自在に動かすことができます。ただし屋外等、凹凸の多いところに使うのには向きません。毛先幅は、主に30・45・60cmのものが用いられます。このうち、フロア用には45cmのものが、階段用には30cmのものが適しています。毛先は、すり減ったら交換することができます。

●モップ

　モップとは、主に床を清掃する用具です。長い柄と分厚くて柔らかな繊維から構成されています。モップの種類と特徴・用途は、表3-4-1を参照してください。

●タオル（ぞうきん）

　タオルは、から拭きにも水拭きにも使用できます。湿り拭きや水拭きで除去できない汚れがある場合は、適宜、洗剤を使用します。

●スクイジー（ウインドスクイジー・ガラススクイジー）

　スクイジーとは、プラスチックや金属製のバーにゴム刃を装てんし、ガラス面の水をかきとる清掃用具です。床洗浄用と窓ガラスの清掃に用いられるスクイジーがあります。窓ガラス用のスクイジーのゴム幅は、30～40cm等数種類あり、作業箇所に応じて使い分けると効率がよいでしょう。また、柄をつけることにより、高所の作業にも使用することが可能です。

図 3-4-1 自在ぼうきの使い方

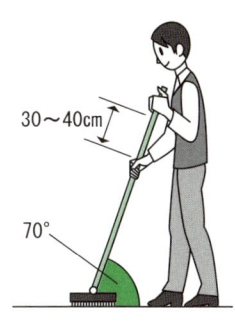

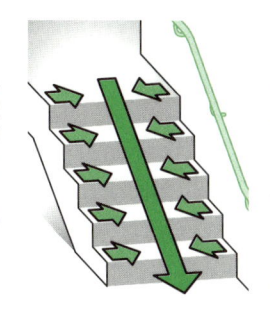

姿勢は片手を柄の先端に親指を上にして握り、もう一方の手で柄の先端より 30 〜 40cm のところを握る。柄は体から 30cm 程度のところに置き、床面に対して 70°程度に傾けて前かがみにならないように構える。

階段は上から下へ向かって掃き進める。両側から中央に向かってゴミを掃き集め、踊り場まで掃き進める。ホウキの先端を床から離さず軽く押さえるようにして、ホコリを立てないように掃く。

表 3-4-1 モップの種類と特徴・用途

水拭きモップ	・床や廊下の水拭きやワックスがけに用います。 ・柄と房糸の部分が分離しているタイプのもの（ワンタッチモップ）は、柄と房糸の着脱が容易です。また、房糸部分が独立しているため、大量に房糸の洗浄を行うことができます。
スポンジモップ	・房糸部分をスポンジにしたもので、吸水力に優れています。一般的に絞るためのスイッチが本体に付いています。磁器タイルの目地や床に残った水滴等の除去に適しています。
化学モップ （乾式モップ）	・フローリング等の清掃に用います。 ・頭部が楕円で平らな乾いたモップで、広い場所での防塵が可能です。
ペーパーモップ	・不織布等を用いて繊維間にホコリを付着させて除塵するもので、取替えが簡単です。床や廊下等のから拭きに用いられ、濡れた床や砂等の多い床の清掃には適していません。

図 3-4-2 タオル（ぞうきん）の使い方

右に1回拭き　裏返して拭く　両面を使った後は内側面を使うこと

から拭きにも水拭きにも使用可能。作業途中のすすぎ洗いで手間を取られないよう、タオルは多めに準備すること。湿り拭きや水拭きで除去できない汚れがある場合、適宜、洗剤を使用する。タオルは作業目的により4折または8折、もしくは16折にする。8折の場合はタオルの合わせ目を指で挟むように手のひらに載せ、右（左）にサッと1度拭く。次にタオルを裏返しで拭く。その次は内側の面を使う。常に新しい面で拭くことを心掛けるとよい。

3-5 洗剤の知識

●汚れと洗剤の性質（液性）

　から拭きや水拭きでも汚れが落ちない場合は、洗剤を使用します。日常清掃で用いる洗剤を性質別にみると、「酸性」「アルカリ性」「中性」の3つに大別されます。これらは水溶液（物質を水に溶かした液）の性質の名前で、中性は、酸性とアルカリ性のちょうど中間の性質になります。

　酸性・アルカリ性には、弱いとか強いという度合い（強さ）があり、酸・アルカリの度合いを表すのに、pH（ピーエッチ／ペーハー）と呼ばれる数値を使います。酸性の汚れはアルカリ性の洗剤で、アルカリ性の汚れは酸性の洗剤で中和して汚れを落とします。また、中性の洗剤は、軽い汚れを落とす場合に使用します。なお、洗浄の対象によっては、建材を傷めることがあるため、事前に洗剤の性質を確認しておきましょう。

●洗剤の使用方法

　洗剤は汚れの状況に応じて最初は薄めから使用し、徐々に濃いめにしていきます。洗浄後はよくすすぎを行い、もし身体に付着したときは、十分に水洗いをしましょう。主な洗剤の種類・使用方法は、次のとおりです。

①中性洗剤は、通常、水またはお湯で50〜100倍程度に薄めて使用します。
②弱アルカリ性洗剤は、通常、水またはお湯で50〜80倍程度に薄めて使用します。保護手袋を着用し、使用後はすすぎを行います。
③アルカリ性洗剤は、通常、水またはお湯で50〜80倍程度に薄めて使用します。保護手袋を着用し、使用後は十分にすすぎを行います。
④酸性洗剤は、必ず保護手袋を着用し、使用後は十分にすすぎを行います。なお、塩素系の洗剤と混合させると有毒な塩素ガスが発生するため、絶対に同時に使用してはいけません。
⑤漂白剤は、必ず保護手袋を着用し、100倍程度に薄めて使用します。他の洗剤との併用は避けます。

表 3-5-1 性質と汚れの例

酸 性	油、皮脂、手アカ、湯アカ(角質、皮脂、皮膚の老廃物等)、生ゴミ、腐敗物等
アルカリ性	水アカ（石灰）、尿（石）、石鹸カス、タバコのヤニ等

図 3-5-1 洗剤の種類と pH 値

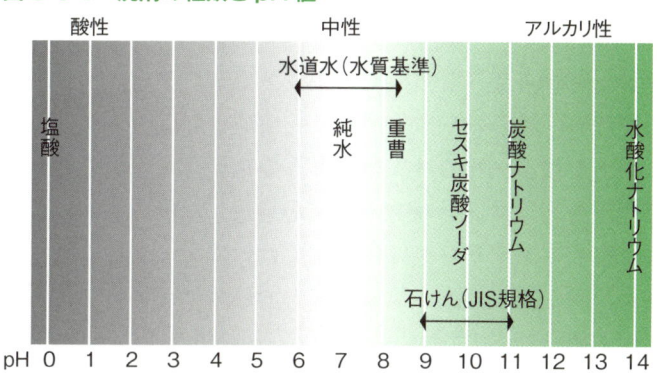

酸性　　中性　　アルカリ性

水道水（水質基準）

塩酸

純水　重曹　セスキ炭酸ソーダ　炭酸ナトリウム　水酸化ナトリウム

石けん（JIS規格）

pH 0　1　2　3　4　5　6　7　8　9　10　11　12　13　14

酸性やアルカリ性の度合いを表すpHは、0～14の目盛りを付けて値を示します。
この場合pH7を中性とし、それ未満を酸性、それ以上がアルカリ性です。
pH7よりも値が小さければ小さいほど酸性の度合いが強く、大きければ大きいほどアルカリ性の度合いが強くなります。

表 3-5-2 洗剤の種類・特徴と用途

中性洗剤 （台所用洗剤・お風呂用洗剤等）	弱アルカリ性洗剤 （ガラスクリーナー等）	強アルカリ性洗剤 （住宅用クリーナー等）
[特徴] 比較的安全性が高く、建材への影響も少ない。ただし洗浄力は弱い [用途] 床材（大理石・テラゾー・リノリウム・塩化ビニール等）、照明器具、各種塗装面等	[特徴] 洗浄力はやや強め。中性洗剤で落としきれない汚れ等に用いる。溶剤でラバー、アスファルト、コルク等の建材を傷めることもあるので注意 [用途] 床材（陶磁器・石・塩化ビニール等）、照明器具、各種塗装面等	[特徴] 洗浄力が強い。建材を傷める恐れがあるため、用途には特に注意が必要 [用途] 玄関の出入口、外周のコンクリート部分等
酸性洗剤 （トイレ用洗剤等）	漂白剤	消毒剤
[特徴] 鉄等の金属に錆びが発生したり、建材を傷めたりすることがある。また大理石、テラゾー、繊維類には使用できない [用途] 尿石、石鹸カス、水垢等の除去に使う	[特徴] 漂白作用の強い酸化漂白剤と反応が温和な還元漂白剤がある [用途] 茶渋落とし、布巾、水回りの殺菌や繊維製品の染みぬき等	[特徴] 病原菌、有毒な微生物の消毒等に使う [用途] トイレ、洗面所、手指、ゴミ置場等

3-6 管理事務室の整理整頓

●管理事務室の整理整頓

　管理事務室には、緊急を知らせる警報盤や防犯カメラシステム、鍵の保管庫だけではなく、新築時の引渡書類や竣工図面、総会議事録に管理規約、設備等の点検報告書、収支や管理状況の月次報告書等の重要書類が保管されています。つまり、管理事務室はマンションの情報が集積した場所といえます。

　そのため、管理事務室のファイリングは自己流ではいけません。これらの書類がどこにあるのか、誰が見ても誰が検索しても同じ結果が得られるように整理整頓する能力が求められるのです。

●整理整頓の実践

- **机上をすっきりさせる**…机上には極力、物を置かないようにし、特に居住者等の個人情報やプライバシーに関わるものは、その都度、片づける習慣をつけましょう。また、文具類も使うとき以外は引出し等に収納します。
- **小物は仕切りで整理**…管理事務室の収納スペースは限られています。文具類等の消耗品は予備を持たないようにし、例えばクリップ等の小物は散乱しないよう空き箱等にまとめ、用途ごとにわけて引出しに入れます。
- **不用品を捨てる**…机を物置代わりにしてはいけません。引出しには常に使用する必要書類や文具類だけを入れて、用が済んだ書類はすぐにファイル保存します。また、資料や雑誌等で不必要の判別が明らかなものは、切り取るかコピーまたはメモをし、個人情報やプライバシーに配慮して、思い切って捨てます。

　ただし、管理組合等にとって有益と思われる情報が掲載されているもの、永久保存書類等に該当する場合は、慎重に対応しましょう。

　管理事務室は業務を行う大元となる場所であるため、きちんと片付いていれば、管理員も仕事がしやすくなります。また、スッキリ清潔な状態でいると、精神面にもよい影響を与えます。

図 3-6-1　文書・記録を整理整頓する目的は？

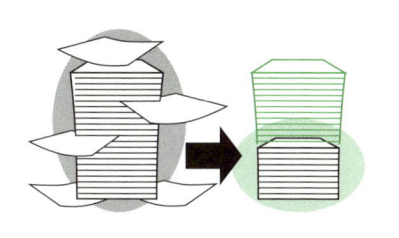

文書量の削減	経費の削減が図れます。
私物化の廃除	管理事務室＝業務を行う場としてけじめが付きます。
スペースの有効活用	空間をより広く使うことができます。
業務の効率化	空間だけではなく、時間も有効に使えるようになります。

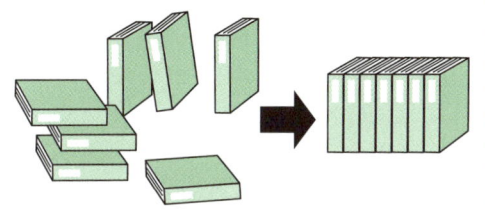

図 3-6-2　管理事務室の整理整頓チェックリスト

管理事務室が次のような状態になっていたら、管理組合・管理会社等と相談したうえで、早めの対策を講じましょう。

- ☐ 管理事務室内が、雑然としている。
- ☐ 未整理・未使用・重複した書類がたくさんある。
- ☐ タイトルが書かれていないファイルがある。
- ☐ タイトルを見ても、中身がわからないファイルがある。
- ☐ ファイル用品が不統一（種類・規格等）である。
- ☐ キャビネット内のファイルが分類されず、場当たり的である。
- ☐ キャビネットや倉庫内等に物品と書類が混在している。
- ☐ 必要な書類を取り出すのに時間がかかる。
- ☐ 定期的に整理・整頓をしていない。
- ☐ 書類等の保存年次が決まっていない。
- ☐ 書類を保存するためのスペースやキャビネットが足りない。

※日常業務の中で書類等について「管理事務室で保管」→「倉庫等で保存」→「廃棄」という流れをくり返すことで、整理整頓は効率化され、執務環境はよりよいものとなります。

3-7 植栽管理

●植栽管理とは

　行き届いた植栽管理は緑と花の環境を豊かにし、居住者の暮らしの快適性を高めます。また、コミュニティを活発にし、管理組合運営の円滑化に貢献します。さらに、不適切な手入れで寿命を迎えている、本来の樹形からかけ離れている樹木の効果的な手入れにより、管理費等の節減に繋がることがあります。まずは、植栽の現状を知ることから始めましょう。

●植栽管理の留意点とは

　一般的に木の枝を切る等の剪定や肥料をやる施肥等は造園業者の業務で、水やり等、日常の植栽管理は必要に応じて居住者や管理組合の役員、管理員が行うことがあります。なお、越境する枝、越境している隣地所有者の枝はその切除を要請できますが、勝手に切り取ることはできません（民法233条）。無用なトラブルを防ぐためにも、越境している枝には注意が必要です。

●植栽の年間管理計画を決定する際の注意点

　植栽管理は1つの管理方針に基づく計画を立て、受け継ぐことが望まれます。そのため、管理計画の作成にあたっては、「現状の問題点を洗い出す」「植栽管理の予算を確保する」「造園業者等の専門家に意見を求める」等が必要です。その際、単年度で実施すべき内容、天災、老朽化等で傷んだ場合の補修費を区分して考え、5年程度を目安とした平均予算を単年度ごとに計上し、補修にあたっては優先順位を決め、予算内で解決できる内容にします。

　なお、検討中に生じた問題点は、記録に残した上で解決策を考えて、次期の管理方針や年間管理計画（表3-7-1）に反映します。植栽に詳しい関係者がいない場合は、解決方法や予算等について、造園業者や植栽専門のコンサルタント等の専門家に意見を求めるのもよいでしょう。

表 3-7-1 植栽の年間管理計画表

分類	管理作業	年間作業回数	作業時期(月)	摘要
樹木	常緑樹剪定	1～2回	5-7	花木は花芽の形成前に剪定する
樹木	落葉樹剪定	1～2回	8, 11-2	
樹木	刈込み	1～3回	5-10	
樹木	施肥	1～2回	6-8	花後のお礼肥は適宜花の咲いた後に行う
樹木	病害虫防除	3～4回	5-9	植物用生薬、木酢液等
樹木	除草	3～4回	4-10	
樹木	灌水	適宜	6-9	
樹木	霜除け	1回	4, 11-12	
樹木	倒木復旧	適宜		
樹木	枯損木の処理	適宜		台風、強風による倒木、半倒木等
樹木	支柱の補修・更新	適宜		常緑広葉樹は6-7月針葉樹ヒノキ科等は3月が最適。ただし、根が良ければ1年中可能
樹木	補植・更新	適宜		
芝生	刈り込み	6～10回	4-11	
芝生	施肥	1～3回	4-6, 9, 2-3	
芝生	目土かけ	1回	4-5	
芝生	病害虫防除	適宜	6-9	植物用生薬・木酢液等
芝生	エアレーション	1回	5-6	程度により異なるが、一般に1回
芝生	除草	3～5回	5-10	
芝生	灌水	適宜	7-9	
芝生	更新・補植	適宜	4, 2	
草花	植付け	適宜		種類に応じて適宜行う
草花	灌水	適宜		路地は適宜行う
草花	施肥	植付け時	1	植付け時
草花	病害虫駆除	適宜	6-8	適宜行う
草花	除草	適宜	5-10	
草花	摘芯・摘花	適宜		
草花	球根の掘り上げ	適宜		

3・清掃

⚠ 共用部分のトイレは、管理のバロメーター

　マンションの共用部分にあるトイレは、管理事務室内にあり、主に管理員や清掃員などが使用するタイプとエントランスや集会等の近くにあり誰もが利用できるタイプとがあります。またタワーマンションや団地等の大型物件では、複数設置されていることもあります。

　これら共用部分のトイレを見れば、そのマンションの管理レベルがわかるといわれています。なかには、汚れが溜まり、黄ばみや黒ずみがいっぱい付き、汚れの輪ができているような便器もあります。

　こうならないためには、毎日1回以上、見つけた汚れはすぐに落とすということを心掛けるといいでしょう。汚れを発見したらすぐ掃除を行うことで、毎日のトイレ掃除を効率よく行えるばかりかトイレに汚れも溜まりにくくなります。また、定期的に黄ばみや黒カビまでをじっくりととる掃除と組み合わせることで、落ちにくい頑固な汚れになる前に防ぎ、常にキレイなトイレを保つことができます。

　この定期的にじっくり行う清掃では、ゴム手袋を付けてメラニンスポンジを活用するのもいいでしょう。それでも落ちない、硬い汚れは、カルキ汚れの可能性が考えられるため、酸性洗剤を塗布して汚れを浮かせてから、ヘラなどではがすようにして汚れを落とします。

　また、天井の換気扇や水道管はほこりがたまりやすいので、定期的に拭きとります。カビ知らずの清潔なトイレを保つため、定期的に窓を開け、換気扇で換気するなど湿気をためないよう気をつけましょう。

マンションの管理レベルがひとめでわかる「トイレ」！

第4章

維持と修繕

経年とともに老朽化するマンション。
傷みの進行を食い止め維持するため、劣化した箇所を
修繕するうえで必要な知識を学びます。
また、大規模修繕や建替えの目安についてもご紹介します。

4-1 マンションの建築構造と分類

●柱・壁構造の分類

使用される柱・壁の使用材料によって、「鉄筋コンクリート（RC）造」「鉄骨鉄筋コンクリート（SRC）造」「鉄骨（S）」に分類されます（表4-1-1）。

●リフォームしやすい「ラーメン構造」

構造材の組み立て方によって、「ラーメン構造」「壁式構造」に分類されます（図4-1-1）。一般的にマンションの組み立てには、ラーメン構造が用いられています。ラーメン構造の「ラーメン」は、ドイツ語で「額縁」「枠」という意味です。ラーメン構造は柱と梁の接点がしっかりと接合され、耐力壁や筋交いを入れなくても耐震性を確保できることから、低層から超高層に至る鉄筋コンクリート造、鉄骨造のマンション等で幅広く用いられる構造です。

また、柱・梁のフレームで耐力を出し、屋内の耐力壁で部屋を仕切らないため、間取りの変更にも柔軟に対応でき、リフォームしやすいのが特長です。

●室内がすっきり広い「壁式構造」

「壁式構造」は、比較的低層のマンションに多く見られます。ラーメン構造が柱・梁の「線」でかかる力を受けるのに対し、壁式構造は壁と床という「面」で建物を支えます。柱や梁の出っ張りがばく、室内がすっきりとして広く感じるのが特長です。屋内の壁で建物を支える構造のため、取り払えない壁が多くなるのでリフォームはしにくくなります。

同じ間取りでも、ラーメン構造では室内に梁型や柱型が出ますが、壁式構造は室内に柱・梁型が出ないため、室内はすっきりとした空間となり、家具の配置もしやすいでしょう。また、壁をがっしりと厚く頑丈につくるため、地震に強い構造といえます。阪神淡路大震災の被害調査で、高経年でも壁式構造のマンションではあまり被害がなかったことが報告されています。

表 4-1-1　柱・壁構造の分類

鉄筋 コンクリート （RC）造	棒状の鋼材で補強したコンクリートで構造部をつくる工法で、中低層マンションに多くみられます。鉄筋は「引っ張られる力」に強く、「圧縮される力」には弱い性質をもっています。一方、コンクリートは「圧縮される力」に強く、「引っ張られる力」には弱いという性質をもっています。 そこで、鉄筋の周りをコンクリートで固めることにより、コンクリートと鉄の弱点を補い合ったもので、耐震性に優れているのが特徴です。
鉄骨鉄筋 コンクリート （SRC）造	鉄筋コンクリート造に鉄骨を併用した一体式をいい、鉄骨の骨組みの周りに鉄筋を配置し、コンクリートで一体化した構造をいいます。強度が最も高く、耐火性、耐久性、耐震性に優れています。高層マンションに多く、特にRC造よりも強いものを求められた場合に用いられます。 ただし、工期が長く工事費も高くつくことが欠点といえます。上層階の一部をRC造にすることで、欠点を回避する手法もみられます。
鉄骨（S）造	超高層マンションの造骨組みに鉄骨を使った構造で、鋼鉄でつくられた鉄骨部材を組み立てて構成される工法をいいます。 鉄筋コンクリート造に比べて建物を軽くつくることができます。例えば、超高層マンションを一般のマンションと同じコンクリートを用いた工法で建設すると、建物自体の重さが相当量になります。そのため、超高層で広く用いられるのは、建物の下部のみを鉄筋コンクリート造とし、大部分を鉄骨造にする方法です。鉄骨造は地震に強く、広い空間を確保でき、間取りにも自由度があります。鉄骨造の場合、強風で建物に微弱な揺れが生じやすいため、建物に「制振装置」を付けるのが一般的です。

図 4-1-1　ラーメン構造と壁式構造の違い

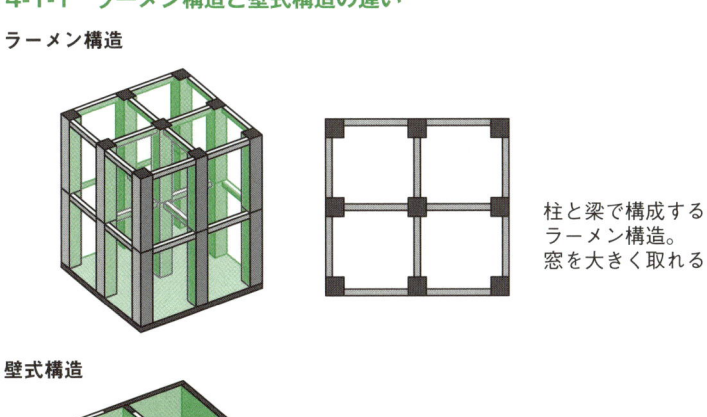

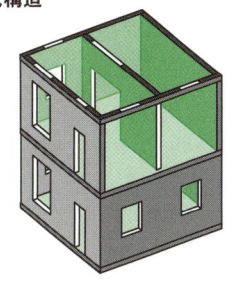

ラーメン構造

柱と梁で構成する
ラーメン構造。
窓を大きく取れる

壁式構造

壁で建物を支える
壁式構造。
比較的窓が小さくなる
傾向がある

4-2 建物の用途、住居と事務所

●マンションの用途を確認するには

　一般的にマンションは居住専用として使用されることが多いですが、中には自宅とオフィスを兼ねた SOHO として使われる等、事務所として使用される場合もあります。

　現在のマンションの用途を知るためには、役所の建築課等で建築物の建築概要書で確認することができます。ただし、この建築概要書は一棟ごとに記載されているため、マンションの一室を事務所として使用している場合は、「共同住宅」のままとなっている可能性もあります。

●用途変更手続きが必要なケース

　建物の利用用途を変更することを、用途変更といいます。例えば、店舗から事務所への変更には、用途変更が必要です。

　ただし、博物館から美術館、劇場から映画館等、変更前と変更後がよく似た用途の場合、用途変更の届出は免除されます（建築基準法 87 条）。

　ではマンションを事務所として使う場合はどうでしょうか。事務所は建築基準法 6 条 1 項に定められた特殊建築物ではないため、用途変更の申請は必要ありません。ただし、事務所から共同住宅へと用途を変更する場合には注意してください。

　特殊建築物は、構造や設備が強化され、立地条件が厳しく制限されます。特殊建築物とされている主な建物には図 4-2-1 のようなものがあります。なお、特殊建築物とされる建物には、不特定または多数の者が使用すること、周囲に与える公害等の影響力がおおきいこと等の条件がつけられています。その用途によっては公共性があるものが多く、一層の防火・耐火性能が求められます。そのため特殊建築物には、階数や面積により構造制限が設けられています。その詳細は表 4-2-1 を参照してください。

図 4-2-1 特殊建築物とされている建物は

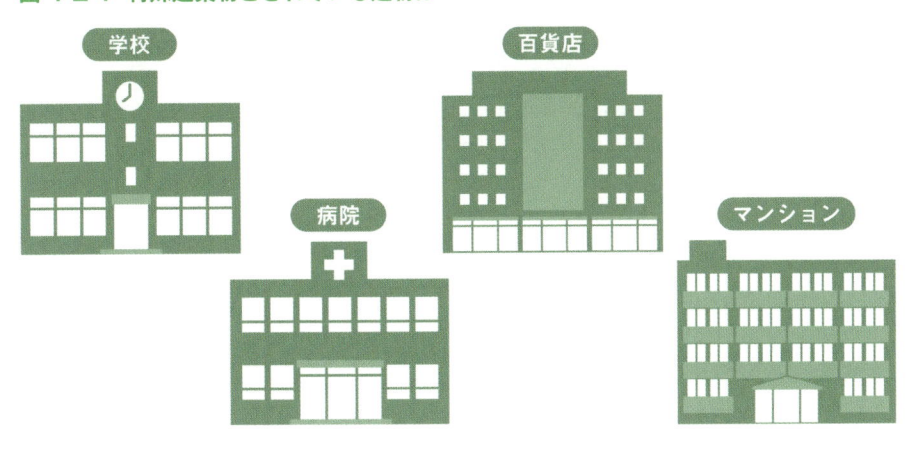

表 4-2-1 耐火に関する特殊建築物の構造規制

用途	耐火建築物の義務づけ 共用階	耐火建築物の義務づけ 共用床面積	耐火建築物または準耐火建築物の義務づけ
劇場・映画館・演芸場	主階が1階にないもの、3階以上の階	客席床面積 200m² 以上（屋外観覧席は1,000m² 以上）	—
観覧場・公会堂・集会場	3階以上の階		
病院・診療所（患者の収容施設を有するもの）・ホテル・旅館・共同住宅（住居用のマンション）・寄宿舎・児童福祉等	3階以上の階[注1]	—	2階が300m² 以上（病院・診療所では、2階に患者収容施設があるもの）
学校・体育館・博物館・美術館・図書館・ボーリング場・スキー場・スケート場・水泳場・スポーツの練習場[注2]	3階以上の階	—	2,000m² 以上
倉庫	—	3階以上の部分が200m²	1,500m² 以上

注1 地階を除く階数が3の下宿・共同住宅・寄宿舎（防火地域外に限る）で、1時間耐火の準耐火構造の準耐火建築物（令第115条の2の2）としたものは、準耐火建築物とすることができる。
注2 簡易な構造の建築物（スポーツの練習場等）で、防火上必要な技術基準（令136条の10）に適合するものは適応外（耐火・準耐火建築物としなくてよい）。

4-3 専有部分と共用部分

マンション（区分所有建物）は、「専有部分」と「共用部分」から成り立っています。専有部分は区分所有権の目的となる建物部分で、区分所有者の所有物です。一方、共用部分は専有部分以外で、区分所有者全員の共有物です。

●専有部分とは

区分所有法（2条3項）では、次の条件を満たす区分所有権の目的たる建物の部分を専有部分としています。

- **構造上の独立性**…一棟の建物のうち、構造上区分された部分であることをいいます。例えば、仕切り壁、床、天井等によって他の部分と遮断されていること。
- **利用上の独立性**…独立して住居、店舗、事務所または倉庫、その他建物としての用途に供することができるもの（建物としての用途の独立性）であり、かつ独立した出入口があって、その出入口を通じて直接に外部に出入りすることができること。

●共用部分とは

区分所有法（2条4項、4条）では、次の①～③を共用部分としています。このうち、①および②を「法定共用部分」、③を「規約共用部分」といいます。

①**専有部分以外の建物の部分**
　廊下や階段、エレベーター室等
②**専有部分に属しない建物の附属物**
　電気配線や水道配管、ガス管等
③**規約により共用部分とされた専有部分および附属の建物**
　倉庫や物置小屋、集会室、管理事務室等

また、マンション標準管理規約（単棟型）7条・8条では、専有部分および共用部分の範囲を図4-3-1のように分けています。

図 4-3-1　主な専有部分、共用部分

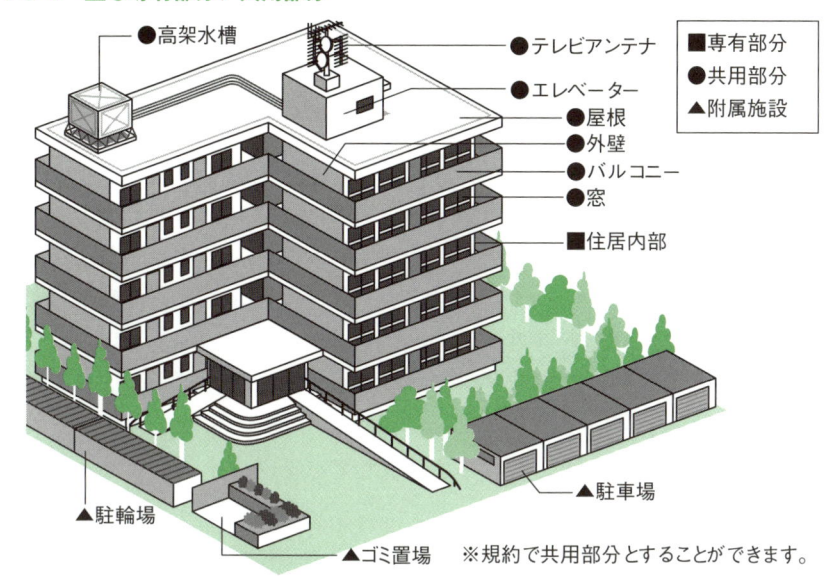

■専有部分
●共用部分
▲附属施設

- ●高架水槽
- ●テレビアンテナ
- ●エレベーター
- ●屋根
- ●外壁
- ●バルコニー
- ●窓
- ■住居内部
- ▲駐車場
- ▲駐輪場
- ▲ゴミ置場　※規約で共用部分とすることができます。

専有部分の範囲
① 住戸番号が付されている住戸
② 天井、床および壁は、躯体部分を除く部分
③ 玄関扉は、錠および内部塗装部分
④ 上記①〜③の専有部分の専用に供される設備のうち共用部分内にある部分以外のもの

共用部分の範囲（別表第2）
① エントランスホール、廊下、階段、エレベーターホール、エレベーター室、共用トイレ、屋上、屋根、塔屋、ポンプ室、自家用電気室、機械室、受水槽室、高置水槽室、パイプスペース、メーターボックス（給湯器ボイラー等の設備を除く）、内外壁、界壁、床スラブ、床、天井、柱、基礎部分、バルコニー等専有部分に属さない「建物の部分」
② エレベーター設備、電気設備、給水設備、排水設備、消防・防災設備、インターネット通信設備、テレビ共同受信設備、オートロック設備、宅配ボックス、避雷設備、集合郵便受箱、各種の配線配管（給水管については、本管から各住戸メーターを含む部分、雑排水管および汚水管については、配管継手および立て管）等専有部分に属さない「建物の附属物」
③ 管理事務室、管理用倉庫、清掃員控室、集会室、トランクルーム、倉庫およびそれらの付属物

付属の建物
駐車場、ゴミ置場駐輪場、車庫

4-4 コンクリートの知識

●コンクリートとは

　一般的に砂・砂利等の粒状体（骨材）を、水硬性のセメントと水を合わせた結合材（セメントペースト）と混合して練り、硬化結合させた複合材料をコンクリートといいます（図4-4-1）。

　また、必要に応じて混和材料が加えられることもあります。広義ではセメント以外の結合材を用いたアスファルトコンクリートや、ポリマーコンクリート等を含むため、特にこれらと区別して「セメントコンクリート」と呼ばれることもあります。コンクリートは主に構造材料として使われますが、骨材を細粒のものに限ったセメントモルタルは、塗壁材料やれんが・タイル等の接着用としても広く用いられています。

　なお、鉄筋を入れて強度を増した建材は鉄筋コンクリートです（図4-4-2）。

●強度はどのように作られる？

　コンクリートの強度は、単位面積あたりの圧縮強度の高さ N/mm^2（ニュートン・パー・平方ミリメートル）という単位で表されます。

　例えば、$30N/mm^2$ をわかりやすく説明すると、10cm角のコンクリートで、30トンの重さに耐えられる強さということになります。つまり、住宅で最もよく使われる $21N/mm^2$ というコンクリートは、10cm角の柱に置き換えると、21トンの重さに耐えられる強さということになります。

　コンクリートの強度は、水とセメントの混合割合によって左右されます。水×セメントの比率は、それぞれの質量比のパーセントで表されます。

　また、コンクリートの固さや強さの状態は外気温に大きく影響されます。コンクリートが固まり始める最初の時期を「初期硬化」といいますが、外気温が低ければ、初期強度（初期硬化）は弱く、外気温が高くなるにつれて初期強度（初期硬化）は強くなります。そのため、養生期間（型枠を置いておく時間）は、夏は短く、冬は長くする必要があります。

図 4-4-1　コンクリートの構造

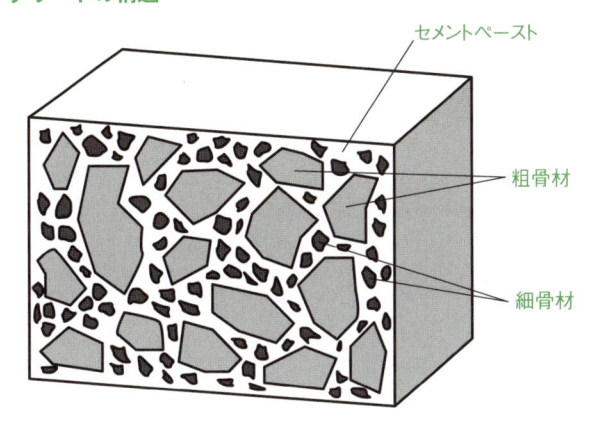

（セメントペースト／粗骨材／細骨材）

コンクリートは体積比で、セメント1＋砂3＋砂利6＋水1を混合したものです。セメントの割合が多くなると強度が増し、高強度コンクリートといわれています。

図 4-4-2　鉄筋コンクリートはこうして作られる

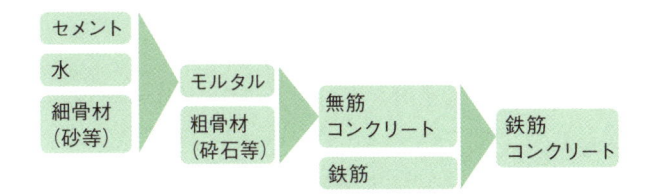

セメント・水・細骨材（砂等）→ モルタル＋粗骨材（砕石等）→ 無筋コンクリート＋鉄筋 → 鉄筋コンクリート

モルタルや粗骨材(砕石)等を混ぜたものが無筋コンクリート、これに鉄筋が入ったものを鉄筋コンクリートといいます。

> **コンクリートの特長**
> - 圧縮強度が大きく、「耐火性」「耐水性」「耐久性」に優れ、配合を変えることにより強度を自由に選択できる。
> - 製造、施工が容易で自由な形状、寸法のものをつくることができる。
> - 複合性能が高く、各種骨材、鋼材、各種繊維、樹脂等も複合に用いることができ、それぞれ特長ある性能を得ることが可能である。

4・維持と修繕

4-5 建物のライフサイクルコスト

●建物生涯に要する総費用「LCC」

　マンションを良好に保つためには竣工後における維持保全だけでなく、企画・設計段階から解体に至るまで、建物の生涯（ライフサイクル）を通じた維持保全を考え実施することが必要です。この時、重要となるのがライフサイクルコスト（Life cycle cost）です。

　LCCと略して呼ばれるところも多いライフサイクルコストは、製品や構造物の製造から使用、廃棄までをトータルにとらえた費用のことをいいます。建物では企画・設計・建設から、その建物の維持管理、最終的に行う解体・廃棄までの建物の生涯に要する費用の総額を意味します。なお、その試算方法は図4-5-1に示すとおりです。

●建物のライフサイクル

　建物が企画・建設され、実際に運用、維持、修繕や改修等が行われながら、最終的に解体・廃棄されるまでの過程は「建物のライフサイクル」と呼ばれます。建物のライフサイクルにかかるコストは、建設費のおよそ3～4倍といわれています。

　つまり、建設費は建物にかかる費用全体の一部にすぎず、むしろ一般管理費、保全費、光熱費、修繕費、解体費等の維持管理に要する費用がとても大きな割合を占めるということがいえます（図4-5-2）。

　これを考えた上で、建物にかかる費用を大別すると①初期費用としてのイニシャルコスト（設計費や建設費等の建物が完成するまでに必要な費用）、②その後のランニングコスト（建物や設備機器等を維持管理するための費用）、③イニシャルコストとランニングコストをあわせたトータルコストという3つにわけることができます。

　なお設計費は、全体に占める比率は小さいですが、設計の内容はその後のランニングコストに大きく影響するといわれています。

図 4-5-1　LCC の試算方法

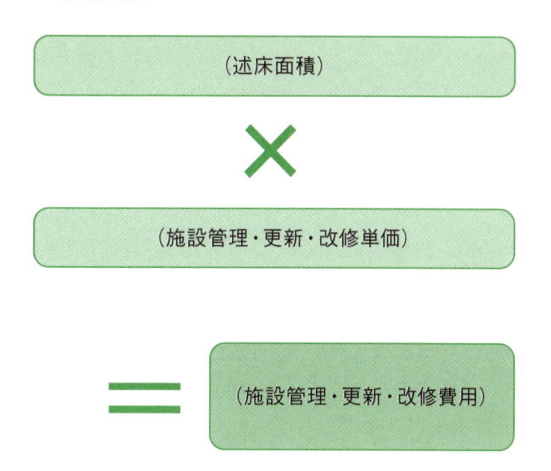

（述床面積）

×

（施設管理・更新・改修単価）

＝

（施設管理・更新・改修費用）

図 4-5-2　設備費全体に占める多費用の割合

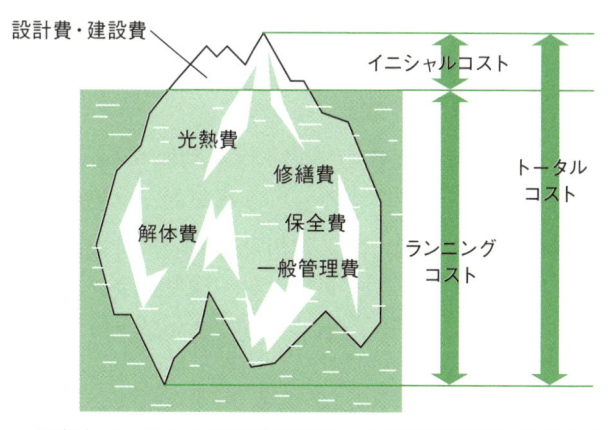

設計費・建設費
イニシャルコスト
光熱費
修繕費
保全費
解体費
一般管理費
ランニングコスト
トータルコスト

一見膨大だと思われる建設費用は、実は維持管理の費用全体を考えた時には氷山の一角に過ぎません。

図 4-5-3　トータルコストの算出方法

イニシャルコスト ＋ ランニングコスト ＝ トータルコスト

4-6 建物の劣化

●建物の劣化症状

　日本のマンションの多くは鉄筋コンクリート（RC）造（4-1「マンションの建築構造と分類」参照）です。RC造の建物を長く維持するためには、日常点検において、劣化の程度を見極めることが重要です。この時、特に注意する必要があるのは、右ページにあげた「建物の劣化」（表4-6-1）および「主な建物の劣化症状」（図4-6-1）です。

●建物の劣化状況を判断する目安

　建物の維持にあたっては、あらかじめ作成された長期修繕計画に基づき、定期的に大規模修繕や小修繕を実施します。このうち高額な費用発生を伴う大規模修繕工事は、おおよそ12年周期で行います。工事項目としては、屋上防水、外壁補修、鉄部塗装等があげられます。

　修繕等を実施するには、まず建物の劣化状況を判断する必要があります。以前、沖縄でアパートの廊下が崩落するという衝撃的な事故がありましたが、その原因として、海砂がコンクリートに使用されていた可能性があるようです。100年持つといわれるコンクリートですが、施工方法や質によって寿命への影響が大きく異なります。そのため、一概に築年数だけでは、劣化状況を判断することはできないのです。

　建物状況にあった長期修繕計画が作成されているか、また実際の建物の劣化症状を把握し、今までそれに見合った時期に適切な工事が実施されてきたかどうかが建物の寿命に大きく影響します。工事項目や時の経過によって、必要な修繕の実施方法や時期は異なります。

　また、2006（平成18）年に起きた構造計算書の偽装事件を受け、現在の施工時の監理は試験結果を設計者、行政や確認審査機関が目視および写真でチェックするシステムとなりました。築30年以上の建物が施工された時代と今とでは、チェック基準が変わったことを知っておく必要があります。

表 4-6-1　建物の劣化

種類	意味
物理的劣化	建築されてから年月が過ぎた建物は、雨水や排気ガス、その他化学的要因、及び経年の使用による物理的要因によって、使用材料・機器の劣化が始まり、進行します。この劣化に応じて定期的な修繕が必要になり、劣化が建物全体に広がると大規模修繕が必要となります。
機能的劣化	技術の進化により、建物建築時に比べて高性能・小型化された設備機器や材料が開発された結果、性能が低下していなくても相対的に劣化（陳腐化）することがあります。また、法改正によって、法令の基準に適合しなくなることも、この劣化にあたります。例えば、新耐震基準※前に建築された建物等が該当します。
社会的劣化	社会的な要求が時代とともに変化するために生じる劣化のことをいいます。例えば、インターネットやオール電化、MEMS対応のスマートマンション、防犯システムが完備されているマンションが販売されている今日において、このような高度情報化や部屋構成等のニーズに対応できないことで生じる劣化がこれに該当します。

※新耐震基準は、昭和56年6月1日以降に着工した建築物に適用されます。

図 4-6-1　主な建物の劣化症状

①**剥落**：仕上げ材が剥がれた状態、あるいは浮いていたコンクリートが剥がれ落ちた状態をいいます。

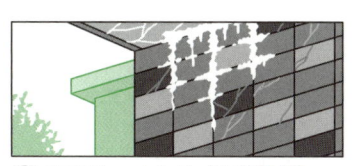

②**エフロレッセンス（白華現象）**：コンクリート内の水分やヒビから入った雨水等がセメント内の石灰等を溶かし、この溶液が炭酸ガスと混じり白く結晶化したものをいいます。

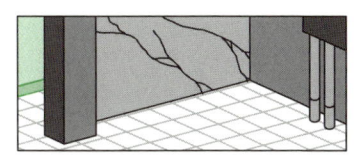

③**ヒビ割れ（クラック）**：コンクリート内の中性化による鉄筋の腐食や、コンクリートの乾燥収縮によってヒビ割れが生じることがあります。

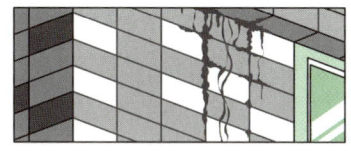

④**サビ汚れ**：腐食した鉄筋のサビがヒビ割れから流れ出て、表面に付着した状態をいいます。

このほか、表面部分にクレーター状のくぼみができる「ポップアウト」や、腐食した鉄筋が表面のコンクリートを押し出し、剥離させて露出した状態「錆鉄筋露出（爆裂現象）」等がマンションで見られる主な劣化症状です。

4-7 建物の維持・保全

●マンションの寿命を長くするために

　マンションでの快適な居住と有効な資産価値を維持するためには、日常的なマンションの維持・保全管理は欠かせません。具体的には、保守点検や修繕等を計画的に実施していくことが重要です。
　以下でそれぞれの作業について、どのような実務を行うのか、ご紹介します。

（1）保守点検
　建物の機能を維持するため、各部の不具合や設備機器等の作動に異常がないかを定期的に検査し、消耗品の交換、作動調整、補修（軽微な修繕）等を行います。

（2）修繕工事
　劣化した建物や設備の修理、取替えを行うことによって、当初の性能・機能を回復させる工事をいいます。修繕には劣化の発生や性能・機能の低下の都度に行う補修・小修繕、一定年数の経過ごとに（定期的に）実施する計画修繕があります。

（3）改良工事
　建物各部について、当初の性能・機能を超えてグレードアップする工事をいいます。具体的にはマンションを構成する材料や設備を新しい種類に取替えたり、新しい性能・機能を付加したりします。バリアフリーやオートロック化等があげられます。

（4）改修工事
　修繕および改良をあわせて行うことで、建物の性能を改善する工事をいいます。
　図4-7-1に、どのくらいの頻度、どのようなタイミングで修繕や改良、改修を行うのが理想的かを示します。大規模修繕は、各マンションの状況にもよりますが、おおむね12年周期ごとに行うのがよいでしょう。

図 4-7-1　建物の維持・保全

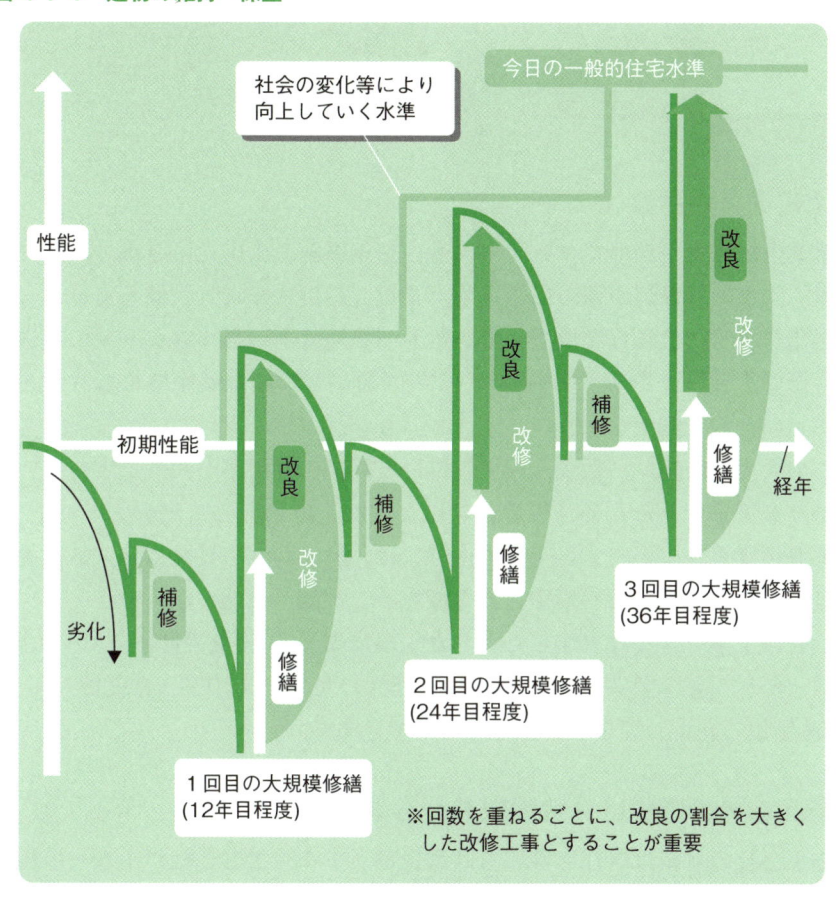

- 今日の一般的住宅水準
- 社会の変化等により向上していく水準
- 性能
- 初期性能
- 劣化
- 経年
- 補修
- 修繕
- 改良
- 改修
- 1回目の大規模修繕（12年目程度）
- 2回目の大規模修繕（24年目程度）
- 3回目の大規模修繕（36年目程度）

※回数を重ねるごとに、改良の割合を大きくした改修工事とすることが重要

修繕：劣化した建物またはその部分の性能を実用上支障のない状態まで回復させる工事
改良：建物各部の性能・機能をグレードアップする工事
改修：修繕および改良（グレードアップ）により、建築物の性能を改善する変更工事

大規模修繕

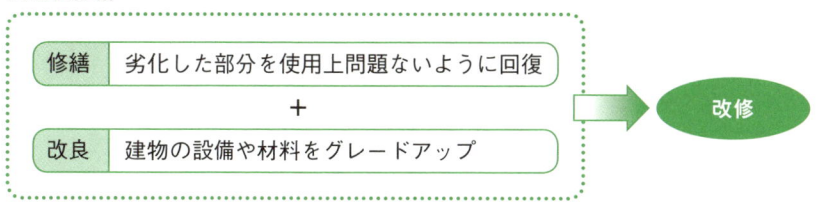

修繕	劣化した部分を使用上問題ないように回復
＋	
改良	建物の設備や材料をグレードアップ

→ 改修

4-8 大規模修繕

●大規模修繕とは

　新築当初は美しかったマンションも、長年風雨や太陽光にさらされていると屋上防水や外壁等が傷んできます。また、給排水や電気設備等も経年により劣化します。これらを放置していると、快適であったマンションの暮らしにも影響を及ぼすため、おおむね12年周期ごとに大規模修繕を行うことが望ましいといえるでしょう。

　この大規模修繕は、数千万円・数億円と巨額の費用がかかることも多い大掛かりな工事であるため、管理組合にとって「10数年に一度の大イベント」と位置付けられています。工事の内容には、屋上防水、外壁補修、鉄部塗装のほか、給水管の更新や給水方式の変更等、性能・機能のグレードアップを行う改修工事も含まれます。こうした工事により、「事故の防止」「不具合の解消・予防」「耐久性の伸延」「美観・快適性の向上」「居住性・機能性の向上」「資産価値の向上」等を実現することができます。

●施工会社の選定は「金額以外」も重視を

　施工会社の見積は居住者等にも呼び掛け、少なくとも3社以上から取得しましょう。見積もりの比較時に一番気になるのは費用でしょうが、あまりに安い金額を提示する場合、それなりの理由があるものです。

　例えば、近年では工事用の足場設置を最小限に抑え、屋上からつるしたロープで作業をして工事費を抑える業者や、近隣と同時期に修繕工事を行うことで効率化を図り、工事費を抑える提案をする業者もいます。このような理由ならまだしも、材料費や人件費を犠牲とし、工事の質を落とす業者もいます。金額だけでなく、過去の実績、居住者への安全対策、防犯対策、現場責任者の質、そして施工会社の熱意等を総合的に判断して選定しましょう。

　なお、施工会社は「専門業者系」「ゼネコン系」「管理会社系」等に分類されます。

図 4-8-1　大規模修繕工事の基本的な進め方

```
管理組合の発意
    ↓
専門委員会の設置
    ↓
コンサルタント・設計事務所等の候補の選定
    ↓
委託費用見積依頼・ヒアリング・内定
    ↓
総会の開催・決議
    ↓
業務委託契約の締結（調査・診断、修繕設計・工事監理等）
    ↓
調査・診断
    ↓
修繕工事の基本計画作成
    ↓
組合員への説明会等開催
    ↓
工事資金計画
    ↓
修繕設計
    ↓
施工会社の候補選定
    ↓
工事費見積依頼・現場説明・ヒアリング
    ↓
総会の開催・決議
    ↓
工事請負契約書
    ↓
大規模修繕工事の施工
    ↓
竣工（完了検査、工事費精算）
    ↓
設計図書・書類等の引渡し
    ↓
修繕時の履歴情報の整理・保管
```

大規模修繕工事の実施方式には、「設計管理方式」「責任施工方式」「管理会社への特命発注方式(管理会社主導方式)」「コンストラクション・マネジメント方式」等があります。

4-9 長期修繕計画・修繕積立金

●長期修繕計画を立てる

　長期修繕計画は、長期にわたるマンションの資産価値の維持を目的としたもので、建物の部材や設備の耐久性を考慮し、修繕を確実に実施するための計画をいいます。新築の場合は30年以上、既存マンションの場合は、見直しから25年以上という長期の展望で計画します。その際、点検・検査・診断により、建物の経年劣化等の不具合や問題点を明らかにし、マンションの共用部分等の具体的な修繕周期と概算費用を割り出します。

　また、マンション標準管理規約32条関係では、長期修繕計画について表4-9-1のようにコメントしています。なお、長期修繕計画は平成20年に策定された「長期修繕計画標準様式」を参考として作成され、定期的な（おおむね5年程度ごとに）内容の見直しをすることが必要であるとされています。管理組合との契約内容に長期修繕計画の見直しが含まれているか、確認しておきましょう。

●修繕積立金とは

　大規模修繕工事には多額の費用を要しますが、この費用をそのつど徴収していたのでは、個々の生活に影響するだけではなく、未納等により工事費用の不足が発生して、計画修繕の適正な実施に支障をきたす恐れがあります。そのため、管理費とは別に大規模修繕に備えた積立金を区分所有者から毎月一定額を徴収するとよいでしょう。この仕組みは「修繕積立金」といいます。

　なお修繕積立金は、長期修繕計画が算定数字の根拠になっており、計画修繕の際等はこの修繕積立金から支払われることになります（図4-9-1）。

●修繕積立基金、修繕積立一時金、借入れ

　このほか修繕積立金を補うため区分所有者が分譲時にまとまった金額を支払う「修繕積立基金」を採用しているところや、修繕積立金の不足にともな

い「修繕積立一時金」の徴収や値上げ、借入れ等をしている管理組合もあります。ただし、これら修繕積立金の無理な徴収は居住者の反感につながる場合もあります。修繕にかかる費用は計画的に積立てをすることが重要です。

　長期修繕計画の見直しは、平成 21 年に改訂されたマンション標準管理委託契約書の業務内容には含まれていません。しかし実務上、サービスの低下防止等の観点から、今までと同じ体裁のものであれば、管理会社がこの業務を継続して担い必要に応じて、再検討するとよいでしょう。

表 4-9-1　マンション標準管理規約 32 条

① 計画期間（修繕周期）
計画期間が 25 年程度以上であること。なお、新築時においては、計画期間を 30 年程度にすると、修繕のために必要な工事をほぼ網羅できることとなる。
② 対象となる工事と金額
計画修繕の対象となる工事として外壁補修、屋上防水、給排水管取替え、窓および玄関扉等の開口部の改良等が掲げられ、各部位ごとに修繕周期、工事金額等が定められているものであること。
③ 工事の総費用
全体の工事金額が定められたものであること。

図 4-9-1　計画修繕・長期修繕計画・修繕積立金の仕組みの運営概念

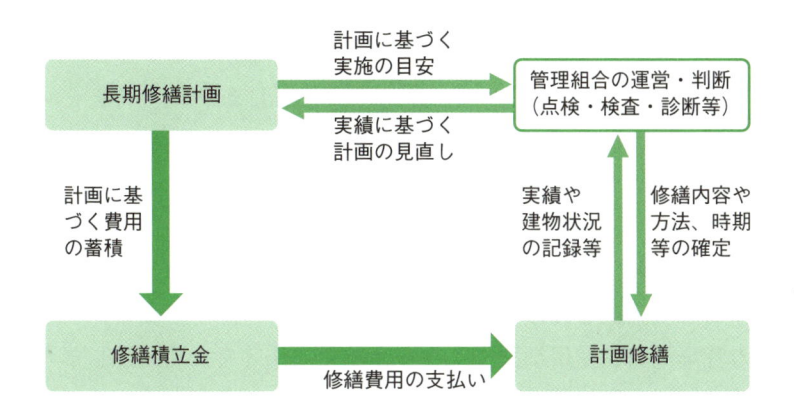

4-10 リフォーム・リノベーション

●「リフォーム」で蘇生を

　老朽化した建物を建築時の状態に戻すことをリフォームといいます。賃貸マンションでは入居者の退居後、その入居者の住む前の状態に戻すことをいう場合が多く、原状回復と呼ばれることもあります。

　なお、英語の「reform」は、「悪い状態からの改良」を意味し、汚れや壊れている部分、老朽化している部分を直したり、新しくしたり綺麗にする等、マイナスの状態のものをゼロの状態に戻すための機能回復という意味で使用されることが多いようです。例えば、外装の塗り直しやキッチン設備の変更、壁紙の張り替え等がリフォームにあたります。

●より良くする「リノベーション」

　リノベーションとは既存の建物に大規模な工事を行うことで、性能を新築の状態よりも向上させたり、価値を高めたりすることです。ちなみに英語の「renovation」は「革新、刷新、修復」を意味し、時代の変化に合わせて性能を新築時の状態よりも向上させ、新たな機能や不動産価値を向上させることを意味します。

　例えば、耐久性・耐震性を高めるための壁の補修や、仕切りの壁をなくして広々としたリビング・ダイニングキッチンにする等、よりデザイン性の高いものに改良する工事がリノベーションに該当します。リフォームとリノベーションの違いについては、表4-10-1を参照してください。

●リフォームやリノベーションの実施には

　マンションのリフォームやリノベーションは戸建ての住宅と異なり、個人で勝手に工事を実施してはいけないのが一般的です。そのため、まずはマンションの管理規約と使用細則で工事や手続き方法等をよく確認します。一般的には「専有部分修繕等工事申請書」等で申請し、理事会での承認後に実施

することができます。なお、箇所によっては共用部分とされ、リフォーム等の工事ができない場合もあるので注意が必要です（図 4-10-1）。

表 4-10-1　リフォームとリノベーションの違い

工事規模	システムキッチンやユニットバスの入れ替え、壁紙の貼り替え程度の比較的小規模な設備変更工事等の修繕は「リフォーム」に分類されます。一方で間取り、水道管、排水管、冷暖房換気設備の変更等の大規模な工事は、「リノベーション」に分類されます。
住宅性能	新築時と同等かそれ以下の性能になる工事は「リフォーム」に分類され、時代の変化にあわせて、新築時以上の性能になる工事は「リノベーション」に分類されます。近年、新築マンションより価格が低い割に、性能は新築以上のリノベーションマンションが人気を集めています。
工事費用	リフォームとリノベーションは事業規模が違うため、工事費用も違います。工事内容にもよりますが、リフォームの工事費用の相場は、マンションで 300 万円～ 400 万円。リノベーションの場合は、マンションで 700 万円～ 1,000 万円くらいが一般的です。

図 4-10-1　リフォームできるか、できないか？

玄関ドア（外側）　できない
共用廊下に面した外側はリフォームできません。

天井　できる!!
共用部分とされているコンクリートの内側までは専有部分なので、天井高を上げることもできます。

内装　できる!!
壁材や室内のドア交換等は問題ありません。ただし床材については制約があるマンションもあるので注意。

玄関ドア（内側）　できる!!
玄関ドアの内側は塗り替えやシート貼り程度の変更のみできます。

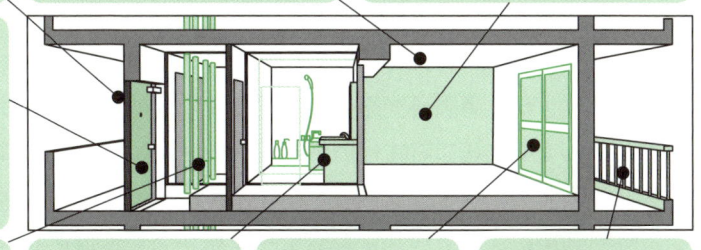

パイプスペース　できない
配水管や給水、ガス管、電気配線等は共用部分のため勝手に移動等することはできません。

設備　できる!!
浴槽やトイレ、シャワーヘッド、キッチンユニット等の設備は交換しても問題ありません。

サッシ　できない
サッシは共用部分のため、原則交換はできません。

バルコニー　できない
バルコニーは共用部分ですが、専用使用することはできます。ただし、火災時等の避難を妨げるようなものは置けません。

できる⇒専有部分（区分所有者の権利）なのでリフォーム可能
できない⇒共用部分（区分所有者全員に権利がある）なのでリフォーム不可

4-11 旧耐震基準と新耐震基準

●新旧はどう判断する？

　1981（昭和56）年6月1日、建築基準法令及び建築基準関係規定の見直しが行われ、耐震基準についても内容変更がされました。マンションが、新旧どちらの耐震基準に適合しているかは、工事着工前に行われる「建築確認」の日付で判断できます。すなわち1981（昭和56）年6月1日以前なら旧耐震基準、同日以降なら現行の新耐震基準です（図4-11-1）。

●耐震基準とは

　耐震基準とは、もともと建物が地震の震動に耐え得る能力を定めたものです。そのはじまりは関東大震災の翌年の1924（大正13）年、構造計算において安全率を考慮するよう、世界に先駆けて施行されたものです。これが1971（昭和46）年の十勝沖地震を受けて、鉄筋コンクリート造の配筋強化がなされます。また、1978（昭和53）年には宮城県沖地震が起き、現在の新耐震基準へと改正されました。まさに日本の耐震基準は各時代の大地震によって見直され、調査研究を経てより安全な建物を設計するためにできたものだといえます。逆に言えば旧耐震基準の建物は大地震に耐えるチェックはされていません。来るべき大地震に備えるため、新耐震基準に合せた耐震診断や耐震改修、または建替えといった耐震化への検討が必要です。

●新耐震基準とは

　新耐震基準は、地震に対して建物の強さを次の二段階で計算します。①一次設計／震度4程度以下の中小地震を受けた場合、地震後も大きな改修・補修工事をすることなく建物を使い続けられる。②二次設計／震度6強以上の地震レベルでは、建物自体が部分的に壊れることは許容するが、人命を損なう崩壊を起こさない。新旧耐震基準の、震度5強・震度6強による崩壊レベルのイメージは図4-11-2を参照してください。

図 4-11-1　旧耐震基準と新耐震基準は「建築確認」を受けた日で判断

建築確認申請を受けたのはいつ？（※着工時期ではない）

以前 ／ 以後
1981年（昭和56年）6月1日
以降　新耐震

旧耐震の建物

・震度5強程度の地震は改修・補修等で使用可能

・震度6程度以上の地震の想定なし

・建物全体で地震力を考慮

・建物を固く設計
・限界を超えると折れる

新耐震の建物

・震度5強程度の地震は改修・補修しなくても使用可能

・震度6以上の地震でも人命に危害がないよう倒壊しない

・高さ方向、平面方向のバランスも考慮

・建物を変形させても倒壊しない設計がされている

図 4-11-2　旧耐震基準と新耐震基準のイメージ

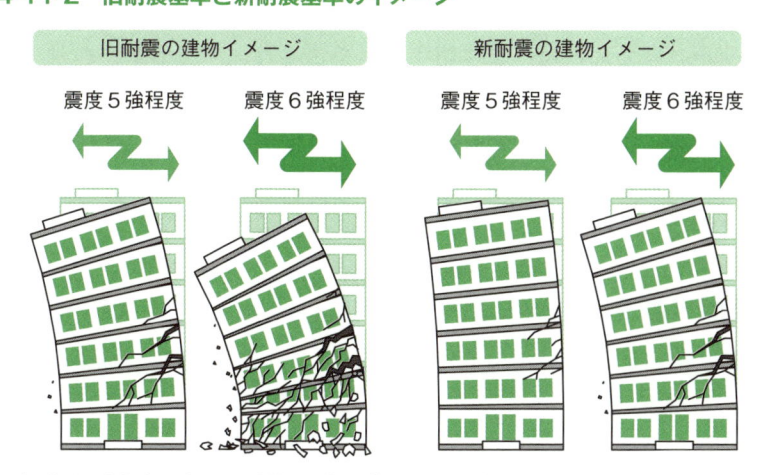

旧耐震の建物イメージ
　震度5強程度　　震度6強程度

新耐震の建物イメージ
　震度5強程度　　震度6強程度

※新耐震基準は中程度の地震では建物は損傷せず、さらに大地震の際にも建物が変形することによって倒壊せずに被害を軽減するものです。

4-12 耐震化（耐震診断・耐震改修）

●大地震到来に備える耐震診断

　耐震診断は地震による破砕・倒壊を未然に防ぐため、その恐れがあるかどうかを把握する目的で行います。まずは予備調査により、建築物の概要や使用履歴、増改築、経年劣化、設計図書の有無等の内容を確認し、既存の建築物（建築途中の建物も含む）の構造強度を調べます。また、想定される地震に対する安全性（耐震性）、受ける被害の程度を判断します。なお、耐震診断の目安の1つに is 値「構造耐震指標」があります。これは震度6〜7程度の大地震の際、建物が崩壊する危険性を値で示したもので、その評価については「建築物の耐震改修の促進に関する法律」で、図4-12-1のように定められています。

●耐震性不足の際には耐震改修を

　耐震診断の結果、万が一耐震性が不足していても耐震改修を行うことで、耐震性を確保し強度を補うことができます。

　耐震改修を行うためには、まず耐震判断を実施し、現在の建物の耐震性の確認、目標の耐震性を実現するための補強設計を行う必要があります。この補強設計に従い、耐震改修工事を進めていきます。

　なお、耐震改修は「耐震補強」「制震補強」「免震補強」の3つの工法に大別することができます。

●耐震診断・耐震改修の費用

　耐震診断・耐震改修の費用は修繕費等に計上されておらず、費用そのものが存在しない管理組合も少なくありません。特に耐震改修は工法や程度によっては多額の費用がかかるため、計画的な費用計上が必要となります。費用の目安は表4-12-1を参照してください。

　なかには補助金や助成金等を利用して、耐震診断をほぼ実費負担すること

なくできるケースもあります。

また、固定資産税等の税制についても特例措置が講じられているほか、住宅金融支援機構による管理組合向けの融資制度も活用できます。融資制度は限度額500万円／戸（共用部分の工事費の80％が上限）が一般的で、金利は原則として償還期間10年以内で1.11%（H 26.5.1時点）となっています。

図 4-12-1　耐震診断の基準（is 値）

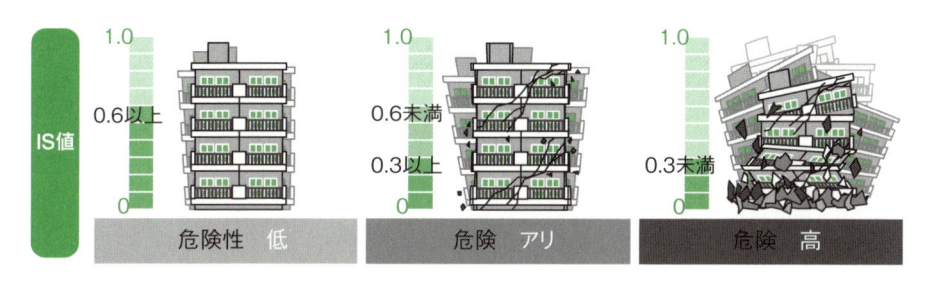

is 値が 0.6 以上	倒壊、または崩壊する危険性が低い
is 値が 0.3 以上 0.6 未満	倒壊、または崩壊する危険性がある
is 値が 0.3 未満	倒壊、または崩壊する危険性が高い

表 4-12-1　費用目安（床面積 1m² 当たり）

耐震診断	500 円～ 2,000 円	建築物の形状・構造、診断の程度、設計図書の有無、現地調査の有無により異なる。
耐震改修	15,000 円～ 50,000 円	建築物の規模、改修の程度等により異なる。設計・工事監理・改修工事（躯体工事のみ）の合計。

4-13 既存不適格建築物

●現行の法令に適合していない？

　建設時には適法で建てられた建築物も、その後の法令改正や都市計画の変更等によって、現行の法令に適合していない部分があるケースがあります。こうした建物は「既存不適格建築物」と呼ばれます（図 4-13-1）。

●法令不適合の多い主な変更事項

変更事項（1）容積率の制限

　1968（昭和 43）年以前、建物の面積は高さ 31 m、20 m 等の絶対高さ制限により決定していました。しかし都市計画法によって容積率の制限ができたため、建替え後に建物面積が小さくなるケースも少なくありません。

変更事項（2）日影規制

　1976（昭和 51）年、日照権の問題から建築基準法に日影規制が導入されました。これは冬至の日に日影が係る時間の長さ、範囲によって判断されるもので、建物の高さと幅に関係しています。そのため、建物全体のボリュームが小さくなる可能性が大きく、特に東西方向に長い建物や住居系の用途地域は注意が必要です。

変更事項（3）耐震性の改正とその他改正

　1981（昭和 56）年には、耐震性について改正がなされています。これ以前の建物は「既存不適格」、これ以降の建物は「新耐震」と呼ばれます。新耐震なら大丈夫だろうと思われるかもしれませんが、耐震構造の基準は 1981（昭和 56）年以降も改正されており、必ずしも新耐震の建物が現状の法令に適合しているとは限らないため注意が必要です。

　その他、消防法も改正され、現行に適合していないことがあります。すでに消防設備点検や査察等で指摘され、改善されている場合もありますが、避難経路の幅員等は、大規模な改修でないと改善は難しいでしょう。

図 4-13-1　既存不適格建築物の例

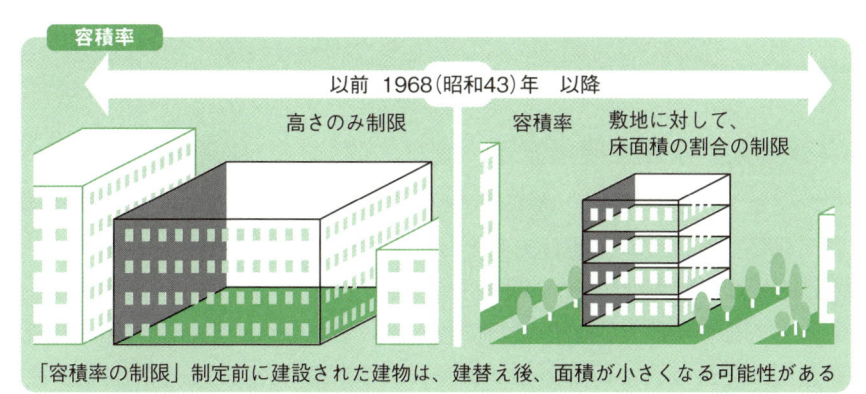

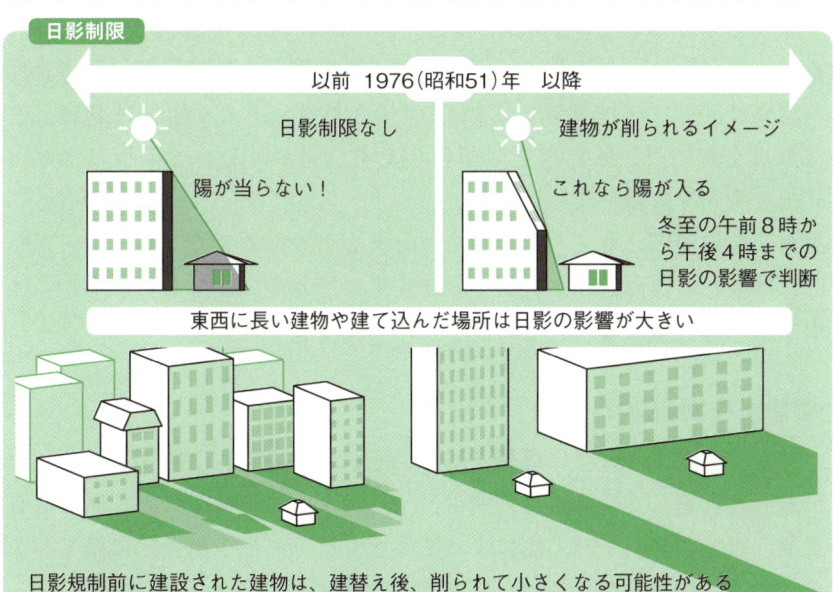

容積率

以前　1968（昭和43）年　以降

高さのみ制限

容積率　敷地に対して、床面積の割合の制限

「容積率の制限」制定前に建設された建物は、建替え後、面積が小さくなる可能性がある

日影制限

以前　1976（昭和51）年　以降

日影制限なし
陽が当らない！

建物が削られるイメージ
これなら陽が入る
冬至の午前8時から午後4時までの日影の影響で判断

東西に長い建物や建て込んだ場所は日影の影響が大きい

日影規制前に建設された建物は、建替え後、削られて小さくなる可能性がある

現行の法令で、どのような影響があるのか、よく確認することが重要です。

4-14 マンション建替え

●「建替え」か「大規模修繕・改良・改修」の判断

　マンションの建替えは、一般的に築30年以上の建物において「大規模修繕・改良・改修」を行うか「建替え」を行うのかという選択肢の1つとして出てくることが多いでしょう。

　もっとも修繕や改良、改修で間に合うか、または建替えるか。その判断は築年数だけではできないため、マンションの修繕や改修の履歴、長期修繕計画や調査結果等、建物の現況を把握することからスタートします。その際、ポイントとなるのは老朽化の状況です。まずは管理会社の建築部署や管理組合の建築に詳しい居住者等に依頼し、「安全性判定」と「居住性判定」の2つに重点を置いた簡易判定をお願いします（図4-14-1）。その後に、専門家に詳細な調査を依頼しましょう。

　調査の結果が出たところで情報を区分所有者や関係者等で共有し、判断しなければ後々の合意形成が上手くいかずトラブルが発生しかねません。建替えや修繕等の実施には「合意形成」が不可欠なのです。

●建替えを実現する方法

　建替えを実施する方法には様々あり、それぞれに特性があります。どの方法がもっとも適しているかの判断は、マンションの規模や状況、区分所有者の意識、組織の経験や能力等によって異なり、それらを総合的に勘案しながら、具体的に検討しなければなりません。

　2002年6月「マンションの建替え等の円滑化に関する法律」が誕生してからは、法定建替え決議を行い、これに則った組合を設立して事業を行う方式が一般化しつつあります。理想を言えば全員同意が望ましいですが、一部反対者が予想される場合、建替組合が売渡請求を行うことができる方式が適しています。

●建替えでしか得られない価値

　建替えには住居性能やセキュリティの向上、余幅のある通路、バリアフリーの実現等による資産価値はもとより、改修や改良では得られない価値があるとされています。

図 4-14-1　管理組合向けの簡易判定の体系

```
┌─────────────────────────┐  ┌─────────────────────────┐
│ 安全性判定              │  │ 居住性判定              │
│ 構造安全性・避難安全性に │  │ 躯体および断熱仕様に規定 │
│ ついての簡易判定        │  │ される居住性・設備の水準 │
│                         │  │ 等についての簡易判定    │
└─────────────────────────┘  └─────────────────────────┘
            ▼                            ▼
┌─────────────────────────┐  ┌─────────────────────────┐
│ 1つでも該当すれば専門家 │  │ 専門家の判定を受けるか  │
│ の判定を受ける          │  │ どうかは管理組合で任意に│
│                         │  │ 判断                    │
└─────────────────────────┘  └─────────────────────────┘
            ▼                            ▼
┌───────────────────────────────────────────────────────┐
│    専門家の詳細判定による老朽状況等の客観的把握       │
└───────────────────────────────────────────────────────┘
```

表 4-14-1　建替えでしか得られない価値

	修繕・改良・改修	建替え（新築）
エレベーターの設置	・既存階段や既存廊下へ増設 →一部階段利用など	・適切な場所、余裕のある通路、スロープ等 →高齢者、身障者も生活しやすい環境
専有面積	・30年以前のファミリータイプ →50㎡台	・ファミリータイプ →70㎡以上100㎡超えも人気 ・単身者向け →40㎡以上が人気
コミュニティ	・賃貸や空室が増えていくとコミュニティが崩壊。そうなる前に、コミュニティを維持する工夫が必要	・建替え事業に取り組んだ区分所有者のコミュニティは通常の生活では形成できない価値がある（新築では得られないコミュニティ形成や結束といった価値） ・若い世代の入居により、子どもと高齢者との交流など管理組合の活発化も期待できる
設備の更新	・給排水の配管がコンクリートの埋め込みの場合、更新が難しい	・設計の時点で、設備の更新についても計画を行う。配管スペースを設け、メンテナンスもしやすい計画にする

🛈 東日本大震災と管理組合から寄せられる耐震不安

　警視庁の発表によれば、東日本大震災による死者は15,894人、重軽傷者は6,152人、行方不明者は2,562人（平成28年2月現在）となっています。この数値は、戦後、日本で起きた自然災害で最大の死者・行方不明者数で、1都1道18県と広域にわたり被害が報告されています。

　全国のマンションストック戸数は、約613万戸。このうち、旧耐震基準（昭和56年以前）は106万。この旧耐震基準のマンション全てが耐震性不足ではなく、旧耐震基準のうち、5～6割程度といわれています。つまり、全国約60万戸のマンションは、震度7～6強の地震で倒壊や一部が潰れる恐れがあるのです。

　こうしたことから新築では、「免震」「制震」構造が増加し、建物の崩壊だけではなく、家具の転倒やガラス破片の落下による怪我や事故等の抑制がなされ、既存でも、建物・設備の耐震改修工事等の耐震化や備蓄、簡易トイレの準備を進める管理組合が増えています。

　さらに近年、自治体では地震の際、津波や水害、火災等の二次災害の危険性がない場合、避難所への避難ではなく、自宅で避難するように呼びかけています。これは「在宅避難」と呼ばれるもので、居住者にとって、住み慣れた場所で生活を継続できることは身体的にも精神的にも大きなメリットがあるといえます。

第5章

マンション設備

マンションには、電気設備、給排水設備、
消防用設備等、さまざまな設備が設置されています。
これらの設備が正常に機能していないと、
火災の発生、集中豪雨等の緊急事態が起きた際に
対応できないことがあります。
こうした事態を防ぐためには、
日常的なメンテナンスが不可欠です。

5-1 電気設備

●大規模マンションで必要となる「受変電設備」

　電気設備は、機器の作動や制御に使われる電気の供給設備、および配線設備をさします。電気設備を扱う際にはさまざまな用語が登場します。正しい知識がないと誤解を生じ、業務に支障をきたすこともあるため、きちんとした用語とその意味を理解しておくことが重要です（表5-1-1）。

　また、小規模マンションでは各住戸と共用部分の契約電力の総量が50kW未満と低いことが多く、こうした電力の引き込みを低圧電力と呼びます。一方、一定の規模を越えた大きなマンションでは、電力総量が50kW以上になるケースが多く、こうしたマンションでは電気会社から高圧電力を受給する必要があります。

　ただし、高圧電力のままでは各住戸に電気を引き込むことができないため、建物または敷地内に電圧を下げる受変電設備を設ける必要があります。この設備を「借室変電設備」といいます。借室変電設備内は、電力会社が電気の保安責任をもって、維持管理の一切を行います。そのため、管理組合や管理会社は、電力会社の係員の立ち会いなしで入室することはできません。

●事故を防ぐ機器「ブレーカー」

　過電流遮断器は、一般的には「ブレーカー」という呼び名で知られる機器です。ブレーカーは電気回路に一定以上の電流が流れると自動的に電気が止まるしくみで、契約アンペア数によって色分けがされています（図5-1-1）。

　近年、従来のブレーカーとは異なる高性能機器「電子ブレーカー」を導入し、必要最低限の電力容量で安定した動力を確保している管理組合もあります。これにより、電気の基本料金を大幅に削減できる可能性があります。

　ただし、電子ブレーカーの導入には設備機器の調査や初期費用が必要なため慎重な検討が必要です。このほか、電気回路に漏電がないかを常時監視し、異常時には瞬時に回路を遮断する「漏電遮断器（漏電ブレーカー）」もあります。

共用分電盤は、電灯用電力の幹線から共用部分の各種系統へ配線を分岐させるブレーカー等を収納する機器をいいます。電灯用電力は、共用部分の照明や各住戸の家電製品等に供給される電力をいいます。

表 5-1-1　電気に関する用語と単位

用語	説明	単位
電圧	電気を流すための圧力。電圧が高いほど多くの電気が流れます。一般的に家庭用の電圧は 100 V・200 V、工場等の生産機械には 200 V 以上が使用されています。	V（ボルト）
電流	電気の中を流れる電気の量。一般的に家庭用は 20 A〜60 A が使用されています。	A（アンペア）
電力	電流によって単位時間になされる仕事の量。電灯が光を出したり、モーターが出す力の大きさを表しています。	W（ワット）
電力量	ある電力で特定の時間になされた電気的な仕事の量。電力×使用時間で計算します。	kWh（キロワットアワー）

図 5-1-1　過電流遮断機「ブレーカー」とは

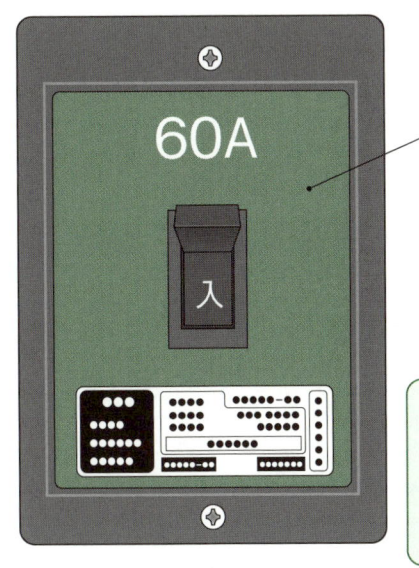

東京電力の場合
（2016 年 6 月以降の金額）

この部分の色でアンペア数がわかります

10A	赤	280 円
15A	桃	421 円
20A	黄	561 円
30A	緑	842 円
40A	灰	1123 円
50A	茶	1404 円
60A	紫	1684 円

※円未満切り捨て

アンペア数と基本料金

アンペア数により電気の基本料金、アンペアブレーカーの色が変わる。なお、アンペア数の変更をする際は電力会社に申し出て、ブレーカーの交換工事（基本的には無料だが、屋内の配線工事が必要な場合は、費用がかかる）を行う必要がある。

5-2 ガス設備

●供給されるガスは大別すると2種

　マンションに供給されるガスを大別すると「都市ガス」と「LPガス」に分類することができます。このうち都市ガスは、液化天然ガス（LNG）等を原料として製造されたガスを精製、混合したものです。都市ガスは、道路下のガス管からガスメーターを経て各住戸に供給されます。
　一方でLP（プロパン）ガスは、石油中に含まれる炭化水素類の総称のことです。常温・常圧では気体ですが、圧力を加えたり冷却したりすると容易に液化します。LPガスは、業者がプロパンガスボンベを住戸まで配送して付け替え、備蓄のうえ使用します。なお、都市ガスは空気より軽く、LPガスは空気より重いという特徴があります。

●ガス漏れを知らせる機器各種

　マイコンメーターは、一般的なマンションに設置されている安全システムです。ガスメーターに組み込んだマイクロコンピュータが、24時間ガスの使用状況を監視し、地震や多量のガス漏れを感知すると、自動的にガスを止めます（復帰ボタンと復帰方法は、図5-2-1）。
　マイコンメーターには、ガスを遮断する「遮断機能」と警報を発する「警報機能」があり（表5-2-1）、それぞれ異なるランプで表示されます。
　このほか、音や光による警報でガス漏れを知らせるガス漏れ警報器もあります。ガス漏れ警報機の設置位置は図5-2-2をご参照ください。

●ガス管の所有区分

　最後にガス供給に必要な機器の所有区分についてご紹介します。道路に埋設されている本支管・供給管やガスメーターは、ガス事業者の所有です。また、建物およびその敷地内に設置されているガス管は、管理組合および区分所有者の所有となっています。

表 5-2-1　マイコンメーターの遮断機能と警報機能

遮断機能	・感震器が大きな地震（震度5弱以上）を感知した場合 ・ガスの圧力が低下した場合 ・ガスが異常に長い時間、流量の変動がなく流れつづけた場合 ・多量にガスが流れたり、急にガスの流れが増加した場合
警報機能	・ガスの微量漏れ等、30日以上連続してガスが流れ続けた場合

図 5-2-1　マイコンメーターの復帰ボタンと復帰方法

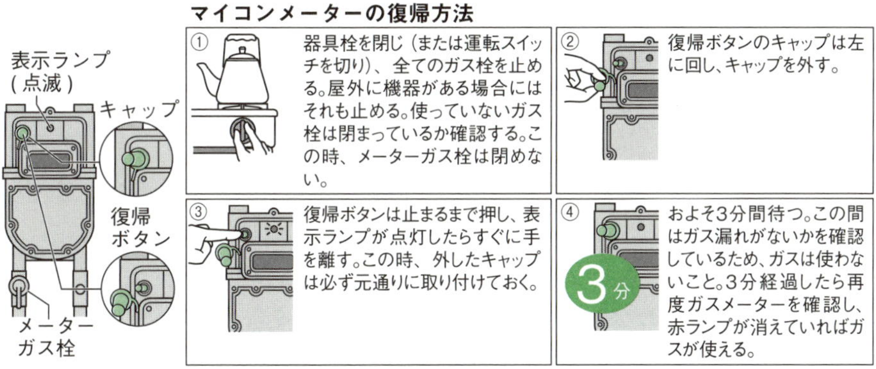

マイコンメーターの復帰方法

表示ランプ(点滅)
キャップ
復帰ボタン
メーターガス栓

① 器具栓を閉じ（または運転スイッチを切り）、全てのガス栓を止める。屋外に機器がある場合にはそれも止める。使っていないガス栓は閉まっているか確認する。この時、メーターガス栓は閉めない。

② 復帰ボタンのキャップは左に回し、キャップを外す。

③ 復帰ボタンは止まるまで押し、表示ランプが点灯したらすぐに手を離す。この時、外したキャップは必ず元通りに取り付けておく。

④ およそ3分間待つ。この間はガス漏れがないかを確認しているため、ガスは使わないこと。3分経過したら再度ガスメーターを確認し、赤ランプが消えていればガスが使える。

3分

図 5-2-2　ガス漏れ警報器の設置位置

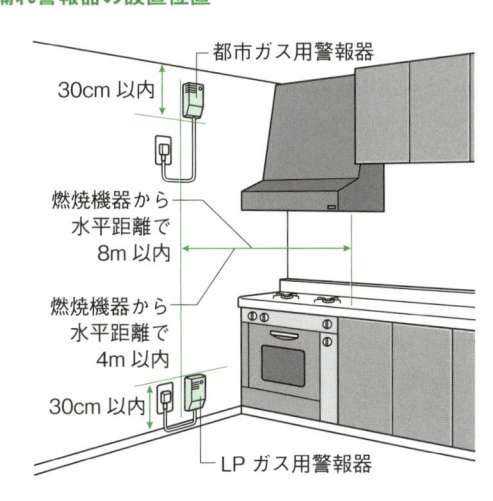

都市ガス用警報器
30cm 以内
燃焼機器から水平距離で 8m 以内
燃焼機器から水平距離で 4m 以内
30cm 以内
LP ガス用警報器

5・マンション設備

89

5-3 給水設備

●マンションの給水方式は大別すると2種

　マンションの給水方式には、水道の配水管内の水圧を利用して給水する「直結式給水」と、配水管から分岐し、いったん受水槽に受けてから給水する「受水槽式給水」があります（図5-3-1）。

　この受水槽は、水道本管から供給された水を溜めておく水槽で、一般的にFRP（ガラス繊維強化プラスチック）やステンレス製等のパネルを組み合わせて作られています（図5-3-2）。なお、FRPは光を通しやすく、藻類の発生による汚染が生じやすいため、定期的な清掃による管理が必要となります。

　また、FRP製でない受水槽でも、水質保全のための保守点検と清掃は欠かせません。そのため受水槽周囲および下部は60cm以上、点検口上部はハッチ（直径60cm以上のマンホール）を付けることが義務づけられており、100cm以上の六面点検用のスペースを確保する必要があります。

　なお、受水槽式給水では、次のような特徴があることを憶えておきましょう。
①水質汚染の可能性が高くなる
②本管断水時でも受水槽に残っている分は給水が可能
③機器設置スペースを大きく取る必要がある

●重力による給水方式「高置水槽」とは

　高置水槽は、一般的にマンションの屋上やエレベーター機械室の上に設けられている水槽をさします。高置水槽方式は、受水槽からの水を貯水し、重力によって各戸へ水を供給します。高置水槽の素材にもFRPを組み合わせたパネルが使われることが多いです。

　また、高置水槽の容量はマンション全体の1日の使用水量の10分の1程度に設定されています。圧力変動がほとんどなく、構造が簡単なため故障しにくいといわれています。

図 5-3-1 マンションの給水方式

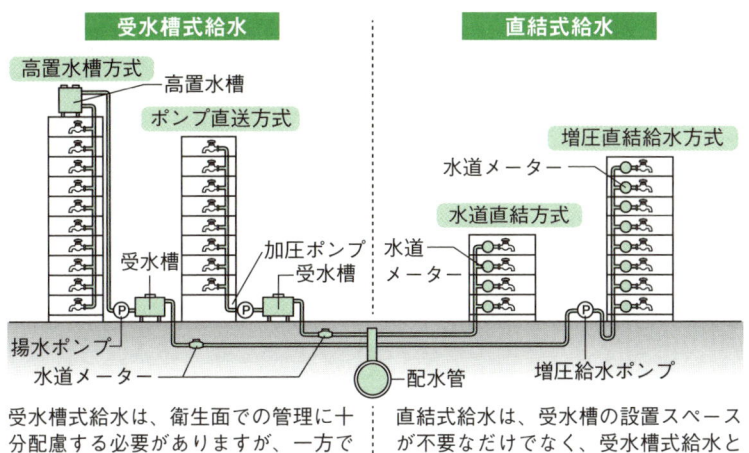

受水槽式給水は、衛生面での管理に十分配慮する必要がありますが、一方で安定した水圧が得られるだけでなく、断水時や災害時にも水が確保できる等の利点があります。

直結式給水は、受水槽の設置スペースが不要なだけでなく、受水槽式給水と比べて衛生管理面での負担も軽減されます。

図 5-3-2 受水槽のしくみ

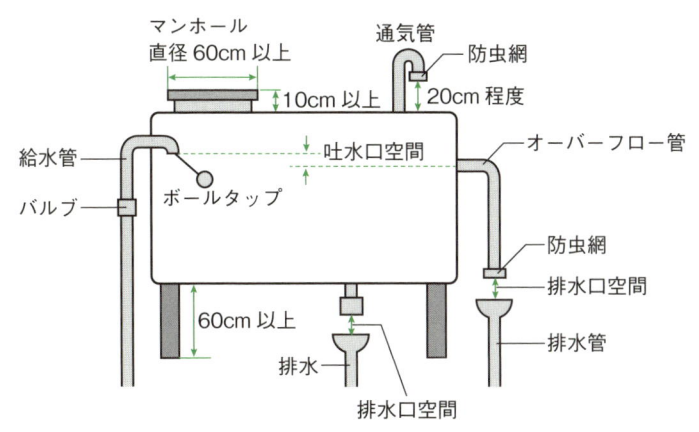

受水槽は保守点検や清掃のため、受水槽周囲および下部60cm以上、点検口上部はハッチ（直径60cm以上のマンホール）を付けなくてはなりません。そのため、100cm以上の六面点検用のスペースを確保する必要があります。

5-4 排水設備

●排水方式は「合流式」と「分流式」

　マンションおよびその敷地内で生じる汚水、雑排水、雨水等を排水する設備を排水設備といいます。

　マンション建物内の排水方式には、「合流式」と「分流式」があります（図5-4-1）。合流式は汚水と雑排水を1つにまとめて同一の系統で排水する方式で、分流式は汚水と雑排水を別個の系統で排水する方式です。

●排水設備に用いられる器具

　次に排水設備で使用される器具について見ていきます。それぞれがどの場所に設置されるかについては、図5-4-2を参照してください。

　まず、①**器具排水管**は、衛生器具に設置されるトラップと接続する排水管をいいます。なお②**トラップ**は排水経路の途中を水で遮断し、そこから悪臭や硫化水素等のガス、ゴキブリやダニ等の衛生害虫等の侵入を防止する器具です。トラップの形状には、S型、P型、U型、ドラム型、わん型等、多様な種類があります。これらは排水の方向、排水口の種類等により使い分けられます。

　このほか、排水設備で用いられる器具には、次のようなものがあります。

③**排水横枝管**…器具排水管からの排水立て管または排水横主管までの排水管

④**排水立て管**…排水横枝管から排水を受けて、排水横主管へ接続するまでの立て管。なお、屋根の雨水を屋外排水管へ排出するための排水立て管は、雨水排水立管といいます。

⑤**排水横主管**…建物内の排水を集めて、屋外排水設備に排出する横引き管をいいます。

⑥**ルーフドレイン（ルーフドレン）**…屋根面に降った雨水を、雨水排水立て管へと導く雨水取入れ口に設置されます。鋳鉄製やステンレス製のものが一般的で、縦引きと横引きがあります。

図 5-4-1　マンション建物内の排水方式

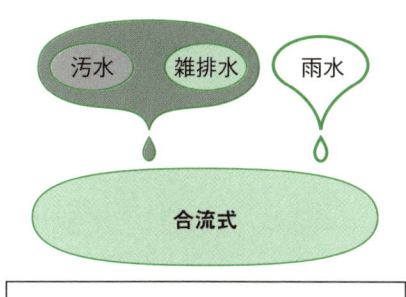

汚水　雑排水　雨水
合流式
合流式は汚水と雑排水を同一の系統で排水します

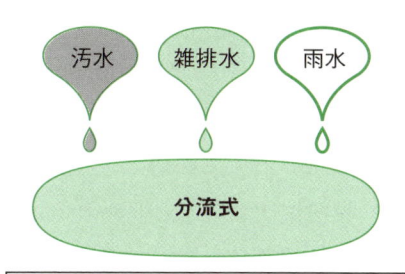

汚水　雑排水　雨水
分流式
分流式は汚水と雑排水を別々の系統で排水します

図 5-4-2　マンションの排水の流れ

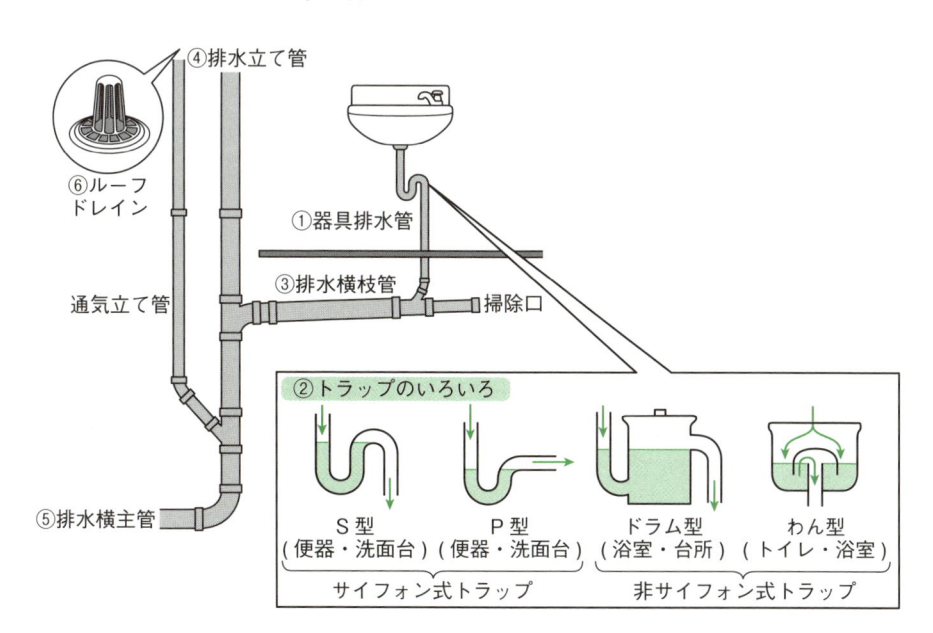

④排水立て管
⑥ルーフドレイン
①器具排水管
③排水横枝管
掃除口
通気立て管
⑤排水横主管

②トラップのいろいろ

S型	P型	ドラム型	わん型
(便器・洗面台)	(便器・洗面台)	(浴室・台所)	(トイレ・浴室)

サイフォン式トラップ　　非サイフォン式トラップ

5・マンション設備

5-5 空調設備

●空気調和設備とは

　一般的に空調設備といわれる空気調和設備というと、家庭用として使われているエアコン（エアーコンディショナー）をイメージする人が多いことでしょう。しかしエアコンは、湿度や気流のコントロールができず、外気を導入することもできません。

　空調設備とは本来、空気清浄・温度・湿度・気流・換気等の室内環境を適切な状態に調節するための機器をさします。空調設備にはマンション、商業施設等に設置される対人空調のほか、医療薬品製造業、食品工場等、製造物に対する生産環境のための産業空調があります。

　これら空調設備導入の主な目的は清浄度を保つことで、具体的には浮遊粉塵を取り除き外気を導入して有害ガスを希釈する等の効果があります。そのほか人が大勢集まる部屋では外気を導入して二酸化炭素濃度を下げ、空気を調和します。なお設置する部屋の大きさや間取り等により、空調設備の形状はさまざまに異なります（図5-5-1）。

●換気設備とは

　空調設備の大切な役割の1つに汚染空気の浄化・排熱・酸素供給等、換気設備としての働きがあります。これは自然または人工的方法によって、室内の空気を24時間換気で入れ替えるというものです。

　この換気設備は、2003年7月改正の建築基準法のシックハウス対策として、新築住宅への設置が義務付けられています。

　24時間、絶え間なく正常な換気を行うためには部屋の空気を2時間に1度入れ替える性能が求められます。そのしくみには、①第1種換気設備（給気、排気ともファンを使用）、②第2種換気設備（ファンを使って給気、排気口から排気）、マンションに設置されることの多い③第3種換気設備（給気口から給気、ファンを使って排気）という3種があります。

表 5-5-1　空調設備とエアコンが調整する要素の比較

調整する要素	空調設備	エアコン
温度	○	○
相対湿度	○	△
浮遊粉じん	○	○
二酸化炭素	○	×
一酸化炭素	○	×
ホルムアルデヒド	○	×

図 5-5-1　空調形状の一例

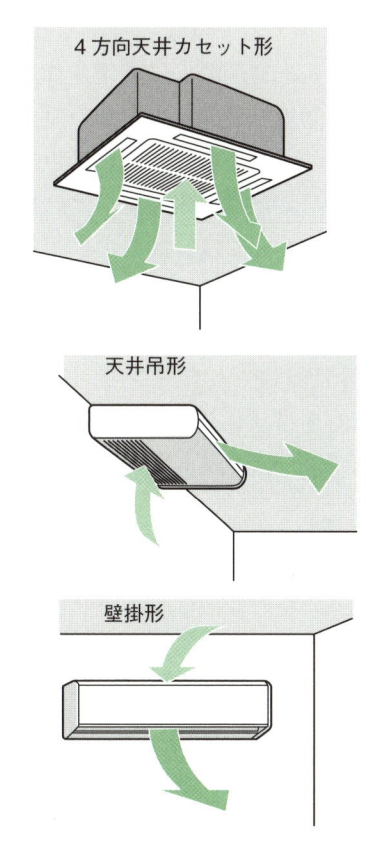

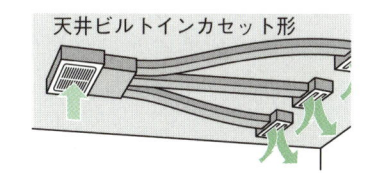

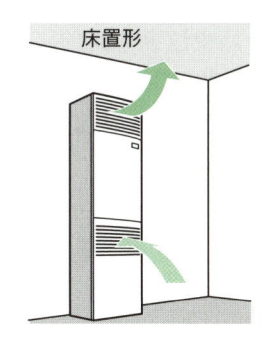

5-6 消防用設備

●火災時に活躍する各種設備

　消防用設備は、消防法17条において「消防の用に供する設備、消防用水および消火活動上必要な施設」の総称と定義されています。

　このうち、火災が起きた際に水や消火剤等を使って消火するための器具や設備は消火設備と呼ばれます。この設備には手動式と自動式があり、建物の用途や規模によって使い分けられます。

　消火設備のうち、もっとも知られているのは消火器ではないでしょうか。これは水やその他の消火剤を圧力によって放射し、初期消火に使用される用具です。消化器に充塡された消化剤は、確実に効果を発揮できるものでなくてはならず、実際の火災に適合したものであることが義務づけられています（表5-6-1）。また消化器は一般的に床面積が延べ150㎡以上のマンション等で設置が義務づけられています。この他の消火用具としては、簡易消火用具があります。水バケツや水槽、乾燥砂等がこの簡易消火用具に含まれます。

　自動式の消火設備としてはスプリンクラーがあります。これは火災により発生した熱や煙を自動的に感知し、天井面等に設置されたスプリンクラーヘッドから散水、自動的に消火する設備です。スプリンクラーヘッドは、形状によって開放型、閉鎖型（湿式・乾式・予作動式）、放水型の3種類に分類されます。

　警報設備は、火災やガス漏れの発生をベル等の音や表示によって建物の居住者や関係者に異常を知らせます。これにより消防機関への早期通報へとつなげることができます。そのほか、熱や煙を感知して火災を未然に知らせる住宅用火災警報器には図5-6-1のような種類があります。

●火災現場から逃れる避難設備

　火災等の災害が発生したとき、避難のために使用される機械器具や設備が避難設備です。例えば、バルコニー（ベランダ）に設置された金属製の避難

ハッチの中には、折りたたみ式の避難はしごが収納されています。これにより、下階への避難を可能にします。避難器具はほかにも、緩降機やすべり台、すべり棒、避難用タラップ、救助袋等があります。

表 5-6-1　火災の種類「ABC 火災」

A 火災	一般建築物および工作物等に係わる木材と紙、布等の普通火災（一般火災）
B 火災	可燃性固体類および液体類に係わる油火災
C 火災	電気設備等に係わる電気火災

図 5-6-1　住宅用火災警報器（感知器）のいろいろ

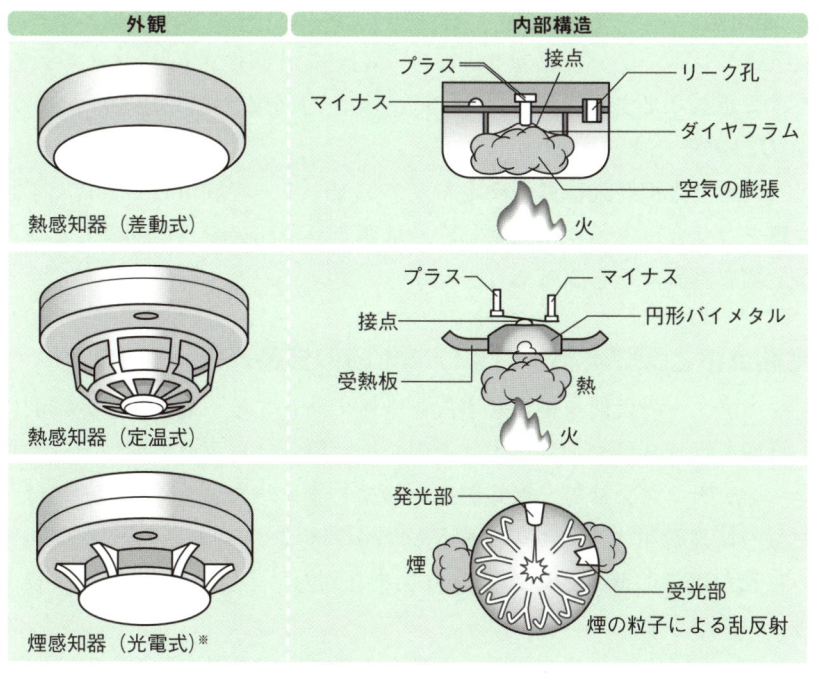

外観	内部構造
熱感知器（差動式）	プラス／マイナス／接点／リーク孔／ダイヤフラム／空気の膨張／火
熱感知器（定温式）	プラス／マイナス／接点／円形バイメタル／受熱板／熱／火
煙感知器（光電式）※	発光部／煙／受光部／煙の粒子による乱反射

※熱や煙を感知し、単体または連動して音声やブザー音で警報します。火災報知器の一種で、マンション等の一般住宅に設置されています。

5-7 エレベーター設備

●エレベーター設備は駆動方式により分類

人や荷物を上下や斜め、水平に移動させる装置をエレベーター設備（通称エレベーター）といいます。エレベーターは、駆動方式によって「ロープ式」「油圧式」「リニアモーター式」等に分類できます。

（1）ロープ式
- トラクション式（つるべ式）：ロープ式エレベーターの主流の方式です。機械室を設けるタイプと機械室のないタイプがあります（図5-7-1）。
- 巻胴式（ドラム式）：巻胴（ドラム）にロープを巻きつける方式です。

（2）油圧式
- 油圧式エレベーターの駆動方式には「直接式」「間接式」「パンタグラフ式」の3つがあります。詳細については、表5-7-1をご参照ください。

（3）リニアモーター式
- 回転運動を直線運動に置き換えるリニアモーターを利用した方式です。一次側をつり合いおもりに内蔵し、二次側を昇降路の全長に伸ばした構造で、巻上機を設置する必要はありません。

●定期点検と保守契約、および非常時の自動運転

エレベーターの機能を維持し事故を未然に防止するためには、定期的に点検・整備を行う必要があります。そのため、製造メーカーの関連会社や独立系のメンテナンス会社等と保守契約を締結します。なお、保守契約には、おおむねの修理費用等を月々の定期契約料金に含むフルメンテナンス契約と、定められた以外の修理の際に別途料金をともなうPOG（Parts Oil Grease）契約とがあります。

また、エレベーターには停電、火災、地震等の非常時、乗客が安全に外に避難できるようにするための運転制御機能が付加されています。このような非常時の運転は、「管制運転」と呼ばれます。

図 5-7-1　ロープ式エレベーターの主流

・トラクション式（つるべ式）

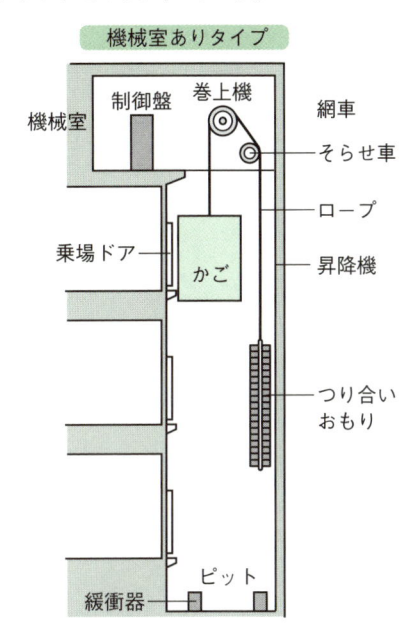

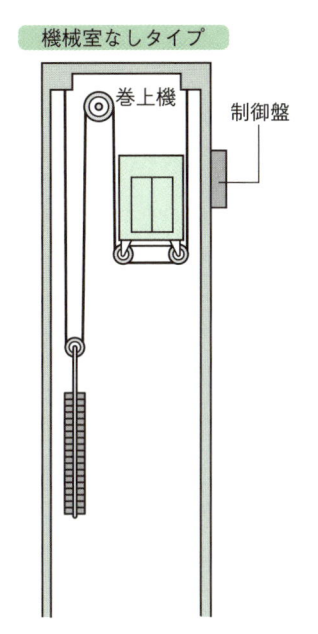

機械室ありタイプ　— 機械室、制御盤、巻上機、綱車、そらせ車、ロープ、昇降機、乗場ドア、かご、つり合いおもり、緩衝器、ピット

機械室なしタイプ　— 巻上機、制御盤

「かご」と「つり合いおもり」の重量のバランスをとり、最上階の機械室に取り付けた巻上機で、効率良く駆動します。エレベーターの最も基本的なタイプといえます。

機械室なしタイプは、機械室が不要になるため、建築上部の突出物がありません。そのため、北側斜線制限・日影規制への影響がなく、建築上部にも荷重がかからず昇降路を自由に設計できるタイプといえます。

表 5-7-1　油圧式エレベーターの駆動方式

直接式	油圧シリンダー内のプランジャー（上下する部分）にエレベーターのかごを直結し、昇降を行います。
間接式	プランジャーの動きをロープやチェーンを介して、間接的にエレベーターのかごに伝え、昇降を行います。
パンタグラフ式	アームと油圧ジャッキによって、アーム頂部に取り付けたかごの昇降を行います。

※油圧式エレベーターは、パワーユニットから送られてきた油によりジャッキを昇降させて運転します。

5・マンション設備

5-8 防犯装置

●防犯装置の代表格・防犯カメラ

　防犯装置は、居住者と無関係な第三者の侵入を防止し、マンションの快適な環境を維持するための装置で、大別すると住居内セキュリティ装置と、侵入を制限する装置の2つに分けることができます（表5-8-1）。そのうち、敷地内に忍び寄る不審者をすばやく感知して撮影するのが防犯カメラです。

　防犯カメラには、ドーム型、ボックス型、ハウジング付き等の種類があり、これらの種類について屋内用、屋外用や内外兼用タイプがあります（図5-8-1）。そのほか、鮮明な高画質デジタル映像を録画できるタイプや夜間でも写し込める暗視カメラ、動きを検知し不審者を威嚇するセンサーライト付き、実際には撮影せず心理的な効果を狙うダミーカメラ等があります。また、最近の防犯カメラにはインターネット回線をつなげ、いつでもどこでも映像を確認できるネットワークシステムを備えたものもあります。

　なお、録画時間はデジタルレコーダーのハードディスク容量、SDカード使用の有無、録画の画素等によって変わります。録画時間を上回る場合は、上書き保存にて録画されるのが一般的で、画像が確認できる期間には限りがあることを憶えておきましょう。また、画像にはプライバシーや個人情報等が含まれる可能性もあるため、閲覧や画像提供等については運用ルール（使用細則）を制定することが望ましいといえます。

●防犯に配慮した共同住宅の設計指針

　2001年3月、国土交通省と警察庁は共同住宅の新築、改修の企画・計画を行う際に必要な住宅の構造や設備等について「共同住宅の防犯上の留意事項」を示しました。さらにこれらを踏まえ、共同住宅の企画・計画・設計を行う際の具体的な手法を示す指針の策定も行っています。この指針では、防犯に配慮した企画・計画・設計の基本原則を表5-8-2のように定めています。

表 5-8-1　防犯装置のいろいろ

住居内 セキュリティ装置	・防犯センサー ・非常警報装置（非常押しボタン、お風呂コール） ・二重錠、ドアガード ・インターフォン、モニターテレビ
侵入を制限する装置	・侵入防止装置（電気錠（オートロック）、磁気カード、指紋認証等の個人識別装置） ・侵入発見装置（防犯カメラ、モニターテレビ監視）

図 5-8-1　マンションに設置される防犯カメラのいろいろ

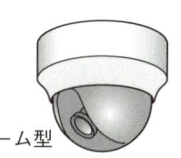

ドーム型

特徴　ドーム型防犯カメラにはレンズが全方向に回転するタイプと、設定した方向のみ回転するタイプがあります。いずれも侵入者が監視の方向を確認しずらいというメリットがあります。

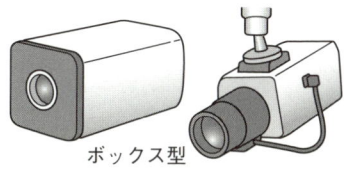

ボックス型

特徴　監視場所や目的に合わせ、レンズの交換ができるものが多いのが特徴です。一目でカメラとわかる形状をしているため、侵入者に強い警戒心を与えることができるのが特徴です。

ハウジング型

特徴　ボックス型に専用のカバーを付ければ屋外でも使用可能な「ハウジング型」となります。防塵、防水性の高さが特徴で、水中での使用にも耐えるものがあります。

表 5-8-2　防犯に配慮した企画・計画・設計の基本原則

監視性の確立	周囲からの見通しを確保すること
領域性の強化	居住者の帰属意識の向上、コミュニティ形成の促進を図ること
接近の制御	犯罪企図者の動きを限定し、接近を妨げること
被害対象の強化、回避	部材や設備等を破壊されにくいものにすること

5-9 駐輪場（自転車置場）

●駐輪場（自転車置場）にも機械化の導入がスタート

　自転車は、通勤や通学、買い物等の時間を短縮してくれる大切なツールの1つです。その自転車を止めておく駐輪場の規模は母体であるマンションの規模、条例や指導により変わりますが、できれば各住戸につき1台以上の保管場所を設けることが望ましいと考えられます。

　マンションで使用されている駐輪場の形式には、平面式、二段式、スライド式等の種類があります。また、近年大型マンションを中心に機械式の駐輪場を導入するところが出てきました。機械式駐輪場は維持費がかかる一方で、文字と音声で利用手順を案内するため、一般的な駐輪場と比べて操作が簡単という特徴があります。

●複数の居住者で共有「シェアサイクル」

　そのほか1台の自転車を複数の居住者でシェアするマンション向けのシェアサイクルも導入され始めています。自転車をシェアすることによりスペースの有効活用と、駐輪場不足による共用廊下や玄関ポーチ等に駐輪することを防ぐことができます。

　家族構成やライフステージの変化により、各家庭に必要な自転車の台数は変化しますが、そのつど駐輪スペースを変化させることは困難といえます。しかし自転車をシェアすれば、必要な時に必要な居住者が利用できます。

　シェアサイクルの運営は、自転車の鍵の貸出管理等を理事や管理員等が受付となる人為的なものと、宅配ロッカーの遠隔システム等を利用し、ICタグ内蔵型のカードやキーを読み取り機にかざしてキーの貸出・返却を行う自動システムがあります。自動システムの場合は、通信回線により毎月の使用記録をデータ管理します。そして、管理費等と合わせて自転車の使用料を徴収する等の運営がなされています。いずれも使用細則等で運営方法を明確にしておきましょう。

表 5-9-1　マンション駐輪場のさまざまな形式

平面式	白線等のラインのみ、傾斜や前輪ラック設置があるもの等があります。ラインのみは、費用がかからないメリットがありますが、自転車等が固定されないため、常に乱雑になりやすく、整理整頓がしづらいといったデメリットがあります。また、マンション内外の自転車を把握するのに苦労することがあります。
二段式	固定や自動（機械式）、下段がスライド式との組み合わせ等があります。収納能力が最も高いですが、上段の場合、出し入れに力がいるため、女性や子供、高齢者には不向きとされ、ケガ等にも注意が必要です。
スライド式	レールの上をラックが、左右にスライドします。スペースの有効活用と収納力を兼ね揃え、出し入れしやすいのが特徴です。ただし、子供がレールで遊ぶ等のいたずらには注意が必要です。

※材質は、スチールやアルミ等さまざまです。
※設置場所は、屋内・屋外さまざまです。屋外設置は、屋根がある場合とない場合があります。

図 5-9-1　シェアサイクルのしくみとメリット

自転車の利用者が多いマンションでは、整理整頓の手間が膨大になるほか、本来の駐輪スペースからはみ出して駐輪する居住者も。

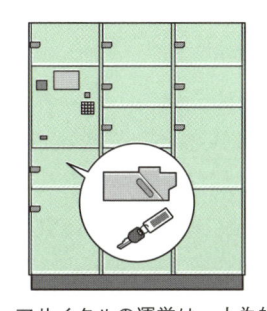

シェアサイクルの運営は、人為的な場合、受付を誰がするか等、継続可能なしくみをよく話し合い決定することが重要です。また、フルタイムロッカーがある場合、電動自転車のバッテリーや自転車の鍵を格納しておくだけでよい。ICタグ内蔵のカード等で貸出・返却を行う。

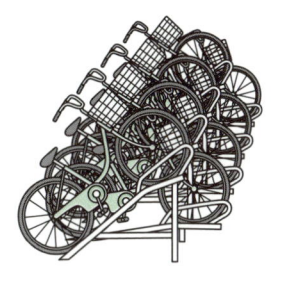

シェアサイクルの導入により、放置自転車やその撤去費用の削減のほか、駐輪スペースの有効活用も期待できる。

5-10 機械式駐車場・バイク駐車場

●立体駐車場設備

　立体駐車場設備には「自走式」と「機械式」があります。自走式立体駐車場はスーパー等の商業施設でよく見られるもので、自らの運転により上階に昇り降りして駐車するものです。

　一方の機械式立体駐車場は、機械式駐車場ともいわれ、運転者は車から降り、車だけを機械に乗せて上階や地下へ駐車します。マンションにおいては限られたスペースを有効活用し、より多くの車を駐車する必要から機械式駐車場を採用するところが多く見受けられます。機械式駐車場の採用にあたっては、表5-10-1のようなメリット・デメリットがあることに注意が必要です。また、駐車方式を大別すると「地上式」と「地下ピット式」に分けることができます（図5-10-1）。

●バイク駐車場（バイク置場）

　若者を中心とした近年の車離れに加え、省資源、省エネルギー、省スペース等の理由から利便性の高い乗り物として重宝されているのが自動二輪車、いわゆるバイクです。マンションで駐輪場（自転車置場）を備えたところは少なくありませんが、バイクの駐車については禁止というところもあり、無断駐車によるトラブルも多く見受けられます。

　こうした事態を受け、新築マンションではバイクの駐車ができるバイク置場を設置するマンションも見られるようになりました。また、既存マンションにおいても居住者からの要望を受けて理事会等で検討し、総会承認を経て、増設をする等の事例も出てきました（図5-10-2）。

　既存マンションで新たにバイク置場を設置する場合には、まずスペースを確保できるか、次に消防法等の法令制限、防犯面への配慮を考えます。スペースに関しては、奥行き170cm、間口180cm（約1坪分）の広さでバイク2台程度と考えるとよいでしょう。

また、新規に駐車スペースを設けようという際には車両サイズについての制限のほか、使用料や敷金、礼金、補償金（事務手数料）、車庫証明の発行等、運用方法を使用細則で明確に定めておくことが重要です。使用料等は周辺でのニーズや近隣の相場等を勘案して決めると、より信憑性が高まります。

表 5-10-1　機械式駐車場のメリット・デメリット

メリット	車体の汚損や塗装が傷みにくく、盗難や傷付け等のイタズラへの抑止効果があるとされ、その他、周辺道路への不法駐車を減らす効果もあるとされています。
デメリット	格納できる車両の高さ・大きさ・重量に制限があることや、機械を動かすための電気代、点検維持費等のランニングコストが高いこと、停電時において車の出し入れができなくなることがあげられます。また、地下駐車場においては、台風や集中豪雨等が原因で車両が水没してしまう被害等も多発しています。運営方法の見直しや機械保険、車両保険等でカバーできるように備える工夫が重要です。

図 5-10-1　マンションの機械式駐車場

地上式
地上式は駐車している自動車の上に自動車を駐車する方式。自動車を載せたパレットは上下に昇降可能なものが多い。

地下ピット式
地下ピット式では地上への駐車のほか、地下にも自動車を駐車できるスペースがある。車を載せたパレットには上下左右、パズルのように可動するものもある。

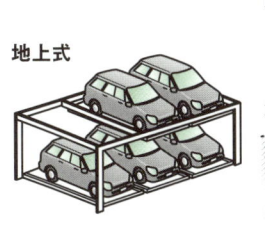

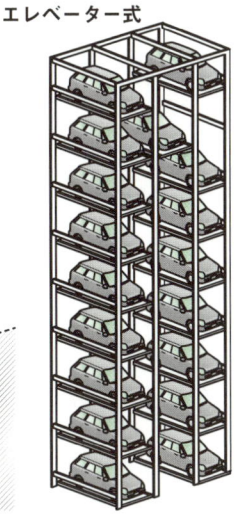

図 5-10-2　マンションバイク置場の設置例

近年、居住者の需要にこたえるべく駐車場や駐輪場として利用していたスペースにあらたにバイク置場を設置するマンションもでてきた。また、給水方式を変更して、受水槽の跡地をバイク置場にしたり、機械式駐車場にバイク専用のラックを設置するなどの方法もある。

5-11 AED（自動体外式除細動器）

● AEDとは

　AEDの正式名称は「自動体外式除細動器」といいます。この機器は心停止等の心室細動を起こした心臓に電気ショックを与えることで、心臓の本来の働きを取り戻すことを試みる医療機器です。

　AED自体により自動診断で通電が必要か否かの判断をすることができるほか、操作手順は音声でアナウンスされるしくみになっており、初めてAEDを使うという方でも安心して使用することができます。なお、正常な拍動をしている心臓や完全に停止している心臓に対して効果はありません。

● AED設置の背景

　従来AEDの使用は、医師、看護師、救急救命士等に限られていましたが2004年、厚生労働省の通達により医療知識のない一般の方も使用できるようになりました。現在ではAED設置の支援を行う地方自治体が増えているほか、マンションでも急病等により発作を起こした人がいた場合に備えて設置事例が増えています。

● AEDと救命措置に関する課題等

　AEDは使用方法についての知識不足によって、不適切な処置で問題となることがあります。例えば8歳未満の小児については、小児用電極パッドを使用すべきところが大人用のAEDを使用した例や、傷病者に触れていて感電した事例等、使用方法を誤ると危険もあるため、注意が必要です。

　また、救命措置の際の問題はAEDによるものだけではありません。人工呼吸は傷病者（救助者）が感染症の場合、血液や唾液、吐き出される息によって感染して（感染させて）しまう危険性もあります。感染症予防のためには、一方向弁の付いたフェイスマスクやフェイスシールド等、感染防護具が推奨されています。AED設置場所に、これらを備えておくとよいでしょう。

図 5-11-1　AED を使用した救命処置の方法

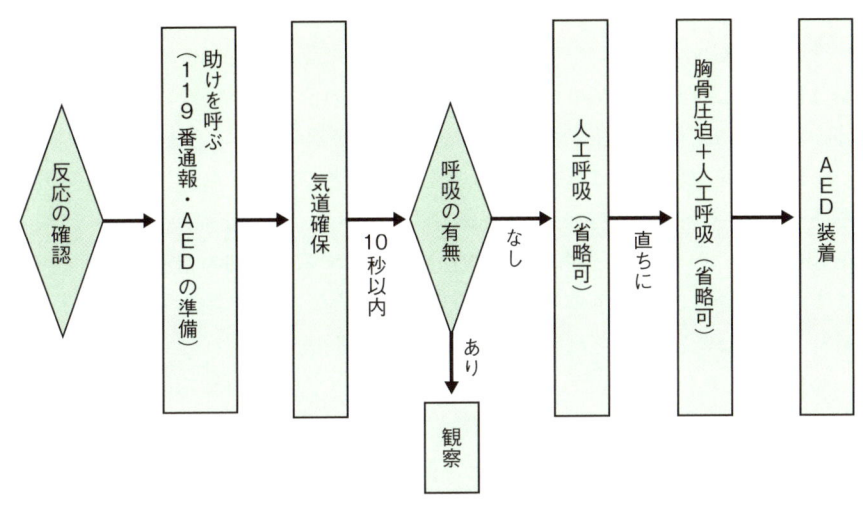

反応の確認 → 助けを呼ぶ（119番通報・AEDの準備）→ 気道確保 → 呼吸の有無（10秒以内）→ なし → 人工呼吸（省略可）→ 直ちに → 胸骨圧迫＋人工呼吸（省略可）→ AED装着

呼吸の有無 → あり → 観察

※人工呼吸をする際、直接、口と口をつけることに抵抗がある方もいるかもしれません。また、感染症等に罹患するリスクもないとは言い切れません。そのような場合、胸骨圧迫だけでも効果が期待できることを憶えておきましょう。

> **AED の使用方法**
>
> **AED の装着**
>
> ①電源を入れたら、以降は音声メッセージに従って操作します。
> ②傷病者の衣服を取り除きます。
> ③電極パッドの1枚は胸の右上（鎖骨の下で肋骨の右）、もう1枚は胸の左下（脇の下から5〜8cm、乳頭の斜め下）に空気が入らないように、密着して貼り付けます。
> ④電極パッドを取り付けると、機械が自動的に心電図の解析を始めます。正確な解析のため、周囲の人に傷病者から離れるように注意喚起します。

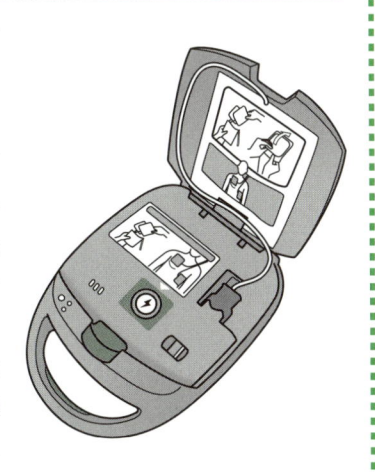

❗ 火災時は、エレベーターで避難?!

　今まで高層マンションやビルで火災が発生した際、エレベーターの使用は、緊急停止や誤作動、エレベーターシャフトが煙の伝搬経路になる危険がある等の理由から使用が禁止され、階段による避難が指導されてきました。

　しかし、東京消防庁は2013年10月から高齢者や障害者らが逃げ遅れるのを防ぐため、従来の階段を使った避難方法を変更し、非常用エレベーター（原則31メートルを超える建物に設置義務）を活用する全国初の指導を始めています。この動きは、2011年4月、東京消防庁が火災予防審議会に対して、「高齢社会の到来を踏まえた高層建築物等における防火安全対策のあり方」として諮問し、2013年4月に答申があったことを踏まえて新指導基準「高層建築物等における歩行困難者等に係る避難安全対策」を策定したものです。

　具体的には、「一時避難エリア」と「避難誘導用エレベーター」の設置を推進すると発表し、早期に高齢者等を一時避難エリアに誘導することで、全体の"避難流動性"を高める「避難誘導対策」も狙っています。

　ただし、エレベーターを操作できるのは防災センター要員等に限られ、歩行避難が可能な方は、従来通り階段で降ります。また、消防隊が到着するまでの間、一時避難エリアから避難誘導に活用ができる非常用エレベーターは、「避難誘導用エレベーター標識」が貼られたものに限定されています。

　高層建築物の建築計画時の関係者等に対する指導もはじまり、非常用エレベーターを歩行困難な高齢者等の避難に活用するという、全国初の取り組みは、今後も注目されそうです。

避難誘導用エレベーター標識

第6章

トラブルの対処法

日々のマンション管理では、
さまざまな問題が起こる可能性があります。
それらのトラブルにどのように対処すればいいのか。
ケースごとに対応策を考えます。
日頃からの備えは、いざというときに役立つことでしょう。

6-1 管理費等の滞納

●滞納状況を把握する

　区分所有者の中には管理費等を滞納する人がいます。滞納する理由は「支払意志や能力はあるが不注意で支払われなかった」、「支払意志はあるが、能力がない」等、さまざまです。また、なかには多くの区分所有者が管理費を滞納しているマンションもあります。滞納者を減らすため、そして滞納者をこれ以上増やさないためにはどうしたらよいのでしょうか。

●なかには運営支障をきたすことも

　滞納者が多いマンションでは、必然的に会計報告上の残高と実際の残高に差が生じます。帳簿上は黒字でも、実際にはお金が足りないというわけです。この様な状態が続くと管理組合の運営に支障をきたすだけでなく、管理費等の値上げに発展するケースもあります。滞納者にとっても額が増えるほど払いづらくなることから、早めの対処を行う必要があります。

　まずは、管理規約を読みなおしましょう。管理費等の徴収方法、遅延損害金の年利のほか、支払督促等の法的手続きを行った場合の費用を滞納者に請求できるかどうか等を確認します。特に法的手続きは理事会決議でできる場合と、総会での決議が必要な場合があるので注意が必要です。管理会社の一般的な督促方法については、図6-1-1を参照してください。

●滞納防止の効果的な対策

　滞納者を減らすためには、管理費等の意義や滞納の悪影響を区分所有者に周知しておくとよいでしょう。その際、掲示や全戸配布だけでなく回覧板等を活用し、伝えます。

　また、月次報告等で必ず滞納状況を確認します。時間が経つと滞納の回収が困難になるため、早めに手続きをします。滞納の初期段階は管理会社が督促することが多いですが、その際に知り得た状況等も把握しておきましょう。

例えば、手続き上のミスで支払いが遅れただけなら、問題が深刻になる危険性は低いですが、滞納者が長期間不在の場合等は、事態はかなり深刻です。

図 6-1-1 管理会社の一般的な督促方法

滞納期間〜3か月

管理会社から、電話・訪問・書面によって催促します。

⬇

滞納期間3〜6か月

滞納者と話せる場合は、理事会の代表者が滞納者に会って話を聞きます。もし、支払う意志や能力がないと判断したら、管理組合理事長名で内容証明郵便による催促状を送ります。

⬇

滞納期間6か月〜

それでも滞納が続く場合は、管理会社に協力を仰ぎ、弁護士等の専門家に相談の上、法的手続きの検討に入ります。法的手続きには、「支払督促」「少額訴訟」「通常訴訟」の3つがあります。訴訟費用をできるだけ抑えたい場合は、簡易裁判所にある無料の相談ブース等を活用することで、実費のみで安価に法的手続きすることもできます。

※なお、滞納された管理費等への請求権は、滞納日から5年で消滅します。時効になる前に手続きを始めるよう注意をしましょう。

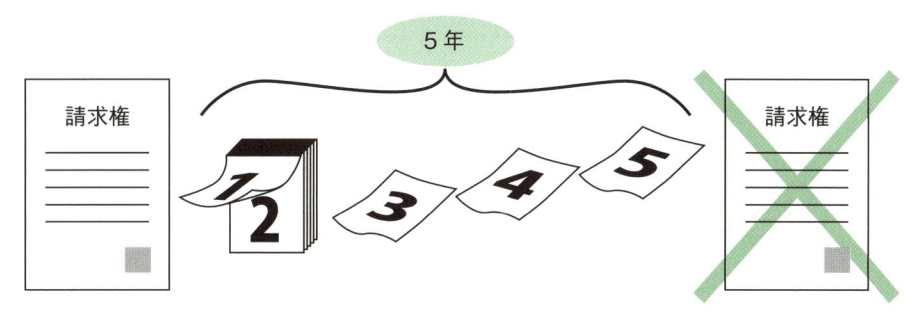

6-2 駐輪場・バイク駐車場の不足

●さまざまなトラブルを呼ぶ駐輪場の無秩序

多くのマンションでは1住戸につき、1台分の自転車置場が用意されています。ところが、最近では2台以上の自転車を持つ家庭も増え、駐輪場だけでなく、敷地内にたくさんの自転車が置かれていることがあります。見た目だけではなく、管理状況から防犯への影響や、災害時の避難の妨げになる危険性もあります。また、居住者のなかには自動車からは使用料を徴収しているのに、バイクは無料という点に不満を覚えている人もいます。こうしたトラブルにはどのように対処すればいいでしょうか。

●応急処置は「白線で仕切る」

ガソリン価格やエコ意識の高まり等から車離れは進み、バイクや自転車を愛用する人が増えています。しかし、バイク置場を用意しているマンションは少数派で、駐輪場不足に悩むマンションも少なくありません。しかし、駐輪場を増設するには、時間も費用もかかります。そんな時の応急処置として消防法等に気をつけながら空きスペースの一角を白線で仕切り、駐輪場にするとよいでしょう。

●駐車場を駐輪場・バイク置場にする方法も

根本的に問題を解決するには、駐輪場やバイク置場を増やすのが一番です。利用されていない屋外駐車場があれば、それをつぶして駐輪場やバイク置場に転用する方法があります。駐輪設備メーカーの中には、機械式駐車場に自転車やバイク用のラックを取り付けるサービスを提供しているところもあります。なかには、駐輪場のスペースを確保することが、物理的に難しいケースもあるかもしれません。そんな時におすすめしたいのは、狭い敷地にたくさんの自転車をとめられる新しいタイプの駐輪ラックです。例えば、自転車を乗せたラックを水平に動かせる「スライド式」は、ラックとラックの間隔

を狭くできるため、従来より多くの台数がとめられます。また、上段にも自転車をとめられる「2段式」なら、1段式の2倍の収納力があります。さらに、スライド式と2段式を融合させたものや自動の機械式等もあります。

図6-2-1　空きスペースの一角を線で仕切る際のデメリット

乱雑に置かれやすい

古くなった自転車が放置されやすい

駅の近くでは居住者以外が駐輪する可能性がある

図6-2-2　問題解決のために

駐輪場の近くにマナーについての掲示を行う

自転車は決められた場所に置く、まっすぐに止める等のルールを告知すると良いでしょう。

1年に1回程度、利用者に自転車用シールを配布する

居住者以外による駐輪を防止できる可能性があります。

2台目以降の駐輪を有料にする

1台目 無料
2台目 有料
3台目 有料

古くなり使わなくなった自転車が廃棄され、駐輪台数を少なくすることができます。

6・トラブルの対処法

6-3 車離れによる空き駐車場

●自動車保有数の減少とともに生まれた社会問題

　一昔前まではどこのマンションでも駐車場が足りず、駐車場貸出ルールの公平な運営や駐車場の増設等が課題とされていたほどでした。しかし近年、所得の減少や趣向の多様化、さらにガソリン価格等による維持費の増大で車を手放す人が増え、空き駐車場が増えているところが少なくありません。

　その結果、管理組合においては駐車場の空き問題が生じています。駐車場使用料を管理組合の収入源としている場合、空き駐車場が増えると管理費会計・修繕積立金会計の収支にまで影響を及ぼしつつあります。特に機械式駐車場がある場合にはこうした傾向が強く、一定数の空きが生じることにより、維持費すらまかなえず、費用負担をどうするのかを懸念している状況が見受けられます。

●簡単ではない使用料の値上げ

　すぐできる対策としては、外部駐車場を利用している居住者に声をかけ、呼び戻すことがあげられます。具体的には外部駐車場を利用する居住者にアンケートをとり、現在の月額使用料と台数、今後も車を利用する予定があるか等を把握し、駐車場を契約してくれそうな人に対してご案内をします。

　駐車場使用料収入が激減して会計が赤字になりそうな場合には、使用料の値上げや駐車場会計の新設を検討する必要があります。ただし使用料の値上げは外部駐車場に流れる人を増やす可能性もあるので、慎重な検討が必要です。また、使用料を値上げするにあたっては「駐車場使用細則」を改定する必要もあります。

　空き駐車場を減らすための方法は、大別すると2つになります。1つは駐車場の利用者を増やすこと、もう1つは駐車場そのものを縮小することです。

図 6-3-1　車離れによる空き駐車場

外部駐車場の利用者を呼び戻す

アンケート等で利用状況と今後の車購入予定等を把握し、空き駐車場の周知と駐車場利用の呼びかけを行います。

「1戸あたりの駐車場は1台」とする

使用細則を改定し、新しいルールを導入してたくさん駐車場を使えるようにします。

駐車場スペースをバイク置場や物置等に転換する

ときには思い切って駐車場を別の有効な用途に転換することも必要です。

カーシェアリングを導入する

必要なときに自動車を使え、所有時にかかる諸費用を削減できる等、居住者に大きなメリットがあります。

このほか、使用料の改定や機械式駐車場の撤去等の手を打つことで、空き駐車場問題を解決できる場合があります。

6・トラブルの対処法

6-4 騒音

●まずは騒音の存在を周知し、技術的な解決を

　マンションの３大トラブルの１つといわれるほど、上階・隣室等からの騒音は、深刻な問題です。また、駐車場や給排水設備等の共用部分から出る音が、近隣の迷惑になるケースもあります。もし騒音トラブルが起きてしまったら、まずは騒音に悩んでいる方からの証言に基づき「騒音マナーのお願い」等の案内文を掲示、全戸に配布します。その際、音の特徴や時期等を具体的に書くと、より効果的です。それでも改善されないようなら、技術的に解決できる方法を模索しましょう。例えば、足音がうるさい場合は、床に絨毯を敷いたり、床下に断熱材を入れたりすることで、状況が改善することがあります。

　また、マンションは構造上、真上の部屋から聞こえていると思った音が実は斜め上の部屋が原因だった等、音が柱や梁、壁等を伝わりさまざまな方向から聞こえてしまうことがあります。まずは居住者の許可を取り、音の原因と大きさについてきちんと把握することが大切です。

　人が感じる音のレベルは違います。自分で考えているよりも大きな音として、他の人に聞こえてしまうこともあります。

　ちなみに地方自治体の中には、測定器を無料で貸し出してくれるところもあります。音の原因がわかり、一定以上に大きいようであれば管理組合として注意をする必要があります。しかし、ここで感情的になってはトラブルが拡大する危険もあります。あくまで客観的な立場で、居住者の出している音が近隣の迷惑になっていることを伝えましょう。

●細則にルールを盛りこんでおく

　騒音問題を避けるため、快適に暮らすためのルール作りを事前にしておきましょう。例えば、音楽を聴いたりパーティーをしたりするのは、周囲の迷惑にならない範囲で楽しむこと、楽器演奏は夜９時から朝９時の間は控えること、駐車場では無駄なアイドリングを避けること等を使用細則に盛り込ん

でおきます。さらにこれらの案内をマンション内に掲示したうえ、全戸に配布する等、日頃から居住者の意識を高めておくということも大切です。

表 6-4-1　音のレベルと環境基準

db(デシベル)	自然の音	人為的な音	人の声	音楽	室内騒音の許容度	環境基準
140	落雷(至近)					
130 聴力機能に障害		ジェット機(離陸)				
120	落雷(近所)	ジェット機(200m以上)		小太鼓(10m)トランペット		
110 きわめてうるさい	犬	ジェット機(600m以上)	叫び声(30cm)	オーケストラ(ステージ)ピアノ(ステージ)		
100	犬(庭先)	電車(ガード下)	声楽(プロ)	オーケストラ		
90 うるさい		地下鉄(車内)	怒鳴り声	ステレオ(大音量)カラオケ、ピアノ(fff)		
80	犬(近所)	通行量の多い道路		ステレオ、弦楽器フルート等管楽器		
70	カエルの合唱蝉時雨	新幹線(車内)主要道路目覚まし時計 洗濯機	大きな声	テレビ、ラジオ(大)		
60 ふつう	夕立	布団をたたく子供の駆け足	ふつうの声大きないびき	テレビ、ラジオ(中)		商・工業住宅地(60〜50)
50	小鳥のさえずり	住宅地(昼)	小さい声		管理事務室(55)ロビー(55)	一般住宅地(50〜40)
40 静か	しとしと雨	郊外住宅地(夜)			集会室、会議室(45)寝室、(40)	静かな住宅地(45〜35)
30	木の葉のそよぎ	郊外住宅地(深夜)	ささやき声		公会堂(35)スタジオ(30)	
20 きわめて静か		過疎住宅地(深夜)			アナウンスブース無音室(20)	
10						

6-5 ペット飼育

●ペット飼育不可のマンションで…

　このところ、ペットを家族同然だと思う方も増えています。また、それとともにペット飼育を認めるマンションも多くなっています。

　一方、高経年マンションではペットを禁止としているところが多数派です。ペット禁止のマンションで犬や猫を飼うのは管理規約違反ですから、もし隠れてペットを飼っているとしたら管理組合としてはペットを処分しなければ、退去請求をすることも不可能ではありません。しかし、身寄りのないお年寄り等に対しては、明らかに違反とわかっていてもなかなか伝えづらいものです。また、こうした解決方法はさらなるトラブルに発展する可能性もあり、あまりおすすめできません。まずは、飼い主の話をよく聞きます。ペットを引き取ってくれる家族や友人がいればその人に引き取ってもらうという手もあるでしょう。

　それでもいろいろな事情でどうしてもペットを手放せない場合には、現時点で居住者が飼っているペットに限定し、一代限りで飼育を認めるという方法もあります。ペットの種類・特徴・写真等を提出してもらい、リストとして保管したうえで、それ以外のペットは固く禁じます。また鳴き声、匂いがひどい等のクレームがある場合は、声帯手術や空気清浄機の導入を義務づける等、できるだけ近隣に迷惑がかからないように配慮しましょう。

●ペット飼育可へ変更を検討も

　また、ペット飼育不可のマンションでペットを飼いたいという要望が増えていると感じたら、組合員全員にアンケートをとってみましょう。仮にペットを飼いたい人、ペットを飼うことに抵抗のない人が半分以上いるようならペット飼育について検討します。ペット飼育を認める場合にはペットが嫌いな人も納得できるよう、使用細則の制定または改定案を作成、総会で過半数以上の承認を得てペット飼育可へ変更するとよいでしょう。

表 6-5-1　ペットの飼い方は「使用細則」でルール化を

①飼育できるペットの種類、大きさ	室内で飼える犬・猫は許可するが、室外で飼う大型犬は禁止。体長○○cm以内ならOK等、具体的な基準を記します。
②ペットの数	1世帯あたり2匹まで等、飼育できる頭数を決めておきます。
③ペットの行動範囲	ペットを連れて出入りする時は裏口を使うこと、エレベーターには立ち入らないこと等を決めておきます。
④飼い方のマナー	抜け毛が広がらないよう、共用部分ではペットを抱えて移動する等のルールを決めているマンションもあります。また、ふんの処理についても記します。

図 6-5-1　ペット飼育届出書の例

```
                    ペット飼育届出書
(管理者) ○○○○マンション管理組合　理事長　殿　　　年　月　日
私はペットを飼育することにあたり、○○○○マンションペット飼育細則を遵守
し、他の入居者の方に迷惑をかけないことをお約束します。
                         記
    部屋番号    301号室
    氏名       ○○一郎
    電話番号    03-○○○○-○○○○
    動物の種類   犬(ミニチュアダックスフンド)
    全長       32 cm      高さ      24 cm    ※ペットの写真を
    性別       オス       年齢       1歳        貼ります

    写真貼付欄   今日から皆さんと
              同じ居住犬です。
              よろしくお願いします！
```

ペット飼育届出書を提出させることで、使用細則で定めたルールにそぐわないペットの存在を把握することができます。また、抜け毛やふんの放置等のトラブルが起こったとき、原因となったペットを見つける手間も少なくてすみます。飼い主に、ペットを飼う際のマナー・ルールを再認識してもらうためにも、飼育届出書の義務づけは効果的です。

6-6 動物対策（鳥類・猫・ハチ）

●自然豊かな環境で多いトラブル

　マンションの周囲に公園等があり、緑が豊富な立地の場合には動物や虫による被害に悩まされることもあります。また、都心部ではハトやカラスのふん、鳴き声等、鳥による被害が深刻化するケースも少なくありません。こうした動物被害への対処も、マンション管理においては重要な仕事の1つです。

●鳥類対策

　鳥類は、騒音やふん害等、さまざまな被害を及ぼします。しかし鳥は「鳥獣の保護及び狩猟の適正化に関する法律」によって保護されており、原則として都道府県知事の許可なく鳥やその卵を採取したり、傷つけたりすると罰せられることがあります。そのため、マンションでの鳥類対策も鳥を寄せ付けない、巣を作らせない、といった予防が対策の中心です。習性に応じた対策がポイントとなります。

●猫対策

　猫の被害は、主にふん尿、騒音、人への襲撃等です。猫は学習能力が高く、縄張り意識や場所への執着も強いのが特徴です。一般的な対策としては、根気よくしつける、猫避け薬品、猫避けネット、超音波等があります。

●ハチ対策

　ハチは、色の黒いものに敏感に反応するので、屋外作業時には、黒色の衣服の着用は避けましょう。また、香水や匂いの強い整髪料等は、ハチを寄せつける危険があるため、つけないようにします。もし、ハチの巣を発見した場合は理事長等に相談のうえ、専門業者に依頼します。駆除費用は自治体により、助成金や補助金がある場合があります。万が一、ハチに襲われたときは、手で振り払ったりせず、後頭部を抑えながら、すぐに15m以上逃げましょう。

図 6-6-1　動物対策で使える道具

ハトやカラス等の鳥類、猫はふん害やゴミ置場を荒らす等の被害を及ぼします。これらの対策としては防鳥ネットや猫避けのプロテクター等を使うと良いでしょう。

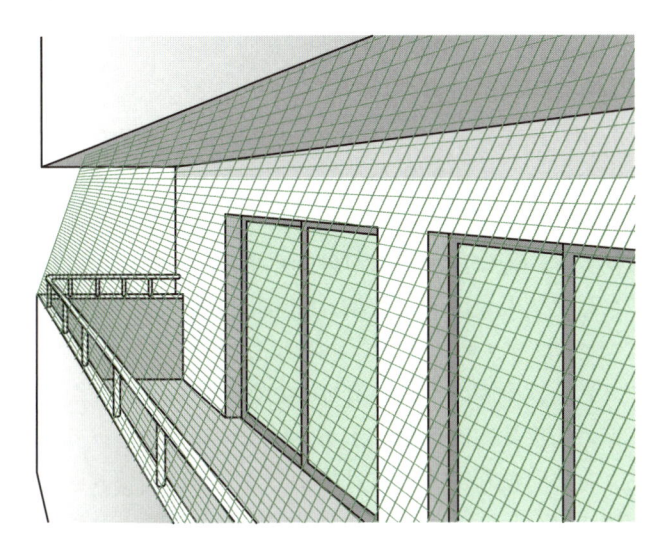

ベランダに防鳥ネットを張る方法は、鳥類を寄せ付けず、巣を作らせない効果の高い対策の1つです。

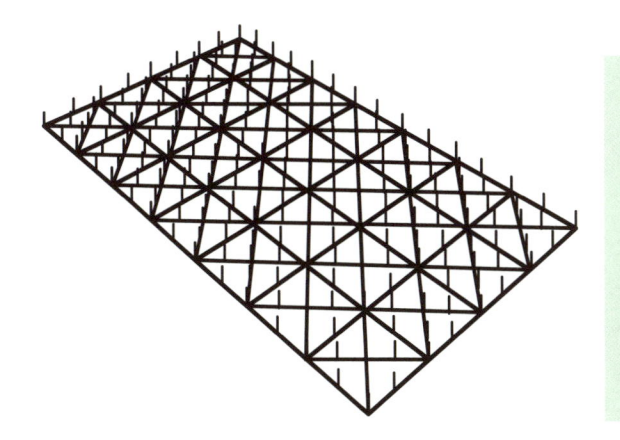

このほか、鳥類対策としては手すりの上に釣り糸やワイヤーを張る等、猫の対策として猫除けスプレーや忌避材をまく等の方法があります。これらのアイテムは100円ショップで購入できる等、安価で済むものもあります。また、生ゴミを荒らされる被害にはネットを張る、フタを閉じる、ゴミ容器に入れる、対策用のゴミ袋を使用する等の方法があります。

鳥類や猫よけのプロテクターは100円ショップで入手できるものを工夫して活用するのも良いでしょう。

6-7 水害対策（台風・集中豪雨）

●さまざまな被害が起こる台風・集中豪雨

　台風や集中豪雨にともなう停電で、エレベーターや給排水ポンプが停止したり、館内の照明がつかなくなる等の被害が起こることがあります。また地下ピット式の機械式・自走式地下駐車場がある場合には水没する恐れがあるため、十分な注意が必要です。特に窪地や河川の近くでは、天気予報に応じて地上に駐車するか、もし突然の豪雨等で機械式駐車場の地下部分が冠水しそうになったら、「インターロック解除キー」を解除します。これにより全てのパレットが一斉に上昇し、車両の水没を避けることができます。ただし、風が強い場合は、落下等の二次被害の危険性があるので注意しましょう。

　また、土嚢は水の浸入を防いだり、業者が対応するまでの時間稼ぎに有効です。普段は小さい状態で保存し、いざというときは空気で膨張させて使うタイプも開発されています。緊急時にはゴミ袋等の大型ビニール袋に水を入れ、土嚢代わりにすることも可能です。一般的に機械式駐車場に備え付けの排水ポンプは、1時間に50mm程度の雨を想定していますが、近年ではこれを上回る豪雨も増えています。そのため、予備の排水ポンプを用意しているマンションもあります。

●突然の災害に備えて

　台風や集中豪雨が起こってからできることは限られています。まずは現状を把握し、常日頃から豪雨への準備をしておくことです。

　機械式駐車場のメーカー、製品や管理番号、連絡先や緊急時の駆けつけ体制等をチェックします。また、インターロック解除キーや土嚢等は管理事務室等すぐに手の届く範囲に備え、周知しておきます。

　そのほか、保険の契約内容や各区画の契約者の緊急連絡先も確認しまとめておきましょう。停電対策としてはラジオやノートパソコン、スマートフォン等の充電をし、いつでも情報収集できるように備えておくことです。

図 6-7-1　台風や集中豪雨で起こる主な被害例

プランターや植木鉢が倒れる

窓が割れたり雨戸が壊れたりする

床上浸水する

停電になりエレベーターが止まる

図 6-7-2　水害対策の主なポイント

- ベランダやバルコニーが散らかっていると雨水が上手く流れず、室内への浸水や下階への水漏れにつながることがあります。日頃から掃除をしておきましょう。

- マンションの高層階では、暴風で窓ガラスが内側に膨らむようにしなる恐れがあります。ガラス破損防止フィルムや防犯フィルムで補強しておくとよいでしょう。

- プランターや植木鉢等、室内に入れられるものは移動します。

- 換気扇やキッチン、吸気口等は吹き出し口から水が入ってくる恐れがあるので、必ず閉めておきましょう。

- 多くの管理組合が加入しているマンション総合保険は、水災不担保にしている場合が多く、補償対象にもさまざまな条件が課され、浸水被害は補償されないケースもあります。事前によく確認しておきましょう。

6-8 防犯対策

●近隣の犯罪が飛び火することも…

盗難・強盗等の犯罪事件は、マンション内で起こるものだけではありません。近隣の住宅等でこうした事件が起きた場合にも防犯カメラの増設やセンサーライトの新設等、対策を検討する必要があります。

●防犯カメラ導入時の留意点は

防犯カメラの設置は、マンションの防犯性を高め、盗難等の危険性を最小限に食い止めるために有効です。しかし設置により居住者のプライバシーを侵害する恐れもあります。また導入には諸費用がかかるため、慎重な検討が必要です。防犯カメラ導入にあたり、留意すべきポイントは次のとおりです。

①**設置台数**…多くの台数を設置すれば、死角が減り防犯上有利なことは間違いありません。しかしそれにともない、当然設置費や維持費も多くかかるため、経費に合わせた設置台数を考える必要があります。なお、導入システムによっては、設置できる台数に上限がある場合もあります。将来、増設する可能性があるなら、設置台数に余裕のあるシステムを選びましょう。

②**ダミーカメラの導入**…本物によく似たカメラ(ダミーカメラ)を設置することでコストを最小限に抑え、防犯力を高めることも可能です。本物とダミーカメラを上手にミックスして使うとよいでしょう。

③**カメラの導入方法**…カメラの導入方法には、1機材の買取り、2レンタル、3リースがあります。買取りは初期費用が最も高いですが、維持費は最安です。レンタルとリースは似ていますが、レンタルは月額費用が高く中途解約が可能、リースは月額費用が安いが中途解約は不可という違いがあります。

④**センサーライトの併用**…侵入者をキャッチして光るセンサーライト(防犯灯)や音を鳴らす機能が付いた防犯カメラもあります。夜間でも鮮明な映像が得られ、不審者を光や音で威嚇する効果もあります。

⑤ **メンテナンス体制**…業者によってはメディアへの書き出しが有料だったり、故障時の対応に時間がかかったりする場合があります。契約前に確認しておきましょう。

図6-8-1 防犯カメラ設置（増設）の流れ

設置・増設する目的を明確化
理事会等で議論を行い、なぜ防犯カメラを設置・増設するのかを明確にしておきます。近隣で起きた空き巣、不審者情報等がわかれば、状況把握に役立つでしょう。

↓

アンケートの実施
アンケートを行い、防犯カメラ設置に対する意識を問います。その際、設置費用や各戸の負担額の目安を書き添えると、区分所有者としては答えやすくなるでしょう。また、防犯について日頃から感じていることや設置場所に関する要望等も聞きます。

↓

運用ルール案を理事会で決定
防犯カメラの設置・増設の意向が決まったら、導入前に運用ルール案を決めます。撮影された映像は個人情報やプライバシーに関わる部分が多いので、映像を閲覧できる人物等を明確にしておきましょう。

↓

総会にて採決を行う
総会に防犯カメラ設置と運用ルール（使用細則）の議案を提出し、採決を行います。議案の承認には、過半数以上の賛成が必要です。

↓

業者に設置やメンテナンス内容等の確認をし、契約を締結

↓

設置日を掲示等で周知し、業者が防犯カメラを設置・増設

6-9 防災対策

●法律でも義務づけられている防火管理

　火災の原因は1つではありません。煙草の不始末や揚げ物の調理中の引火、コードによる電気火災など多岐にわたります。日常生活のなかで火を取り扱う場面が多いということを常に留意しておきましょう。

　また、マンションにおいては戸建てとは違い、防火管理者の取り決め等、法律的に義務づけられていることがいくつかあります。

●消防法に定められた防災についての主な事項

　消防法施行令別表第1において、マンションは共同住宅等として消防法の規定が適用される防火対象物（建築物）と位置づけられています。また消防法では、防火対象物の管理について権限を有する者（理事長）の義務についても言及されています。例えば、権限を有する者はマンションの居住者（収容人員）が50人以上の場合、一定の資格を有する者のうちから防火管理者を定め、防火対象物について消防計画の作成、消防訓練の実施、消防設備の維持管理、そのほか、防火管理に必要な業務を行わせなければなりません。

　防火管理者になるためには指定の講習を受け、資格を取得しなければなりません。防火管理者は防火対象物において、防火管理上、必要な業務を適切に遂行できる管理的または監督的地位にある者とされます。

　防火管理者は、管理組合の理事等が講習を受けて資格を取得するか、既に資格をもつ組合員に防火管理者になってもらうとよいでしょう。

　消防用設備等の設置及び維持義務（17条）において、防火対象物の関係者（所有者、管理者または占有者）は一定の技術上の基準に従って、消防用設備等を設置し、それを維持しなければならないとされています。

　消防用設備は、技術上の基準に適合しているかどうか確認するための点検が義務づけられています。この点検には、6か月ごとに行う「機器点検」と、1年ごとに行う「総合点検」があります。

図6-9-1 防火管理者の業務

> ①防火対象物についての消防計画の作成
>
> ②消防計画に基づく消火、通報および避難訓練の実施
>
> ③消防の用に供する設備（消防用設備）、消防用水または消火活動上必要な施設の点検および整備
>
> ④火気の使用または取扱いに関する監督
>
> ⑤避難または防火上必要な構造および設備の維持管理並びに収容人員の管理
>
> ⑥そのほか、防火管理上必要な業務

消防訓練とは、避難訓練、初期消火訓練、応急救護訓練、救出・救助訓練、起震車（地震を体験できる特殊車両）を活用した身体防護訓練などをいいます。マンション内の消防訓練のほか、地域住民との連携が重要です。

表6-9-1 機器点検と総合点検

機器点検	・消防用設備等に附置される非常電源（自家発電設備に限る）または動力消防ポンプの正常な作動 ・消防用設備等の機器の適正な配置、損傷等の有無そのほか、主として外観から判別できる事項 ・消防用設備等の機能について、外観からまたは簡易な操作により判別できる事項
総合点検	・消防用設備等の全部もしくは一部を作動させ、または当該消防用設備等を使用することにより、当該消防用設備等の総合的な機能を消防用設備等の種類等に応じ、別に告示で定める基準に従い確認すること

> 消防用設備等の点検及び点検結果報告義務（17条の3の3）
> 共同住宅の関係者は、消防用設備について、消防設備士・消防設備点検資格者に、法定点検をさせ、その結果を3年に1回、消防長または消防署長に報告しなければなりません。

6-10 ゴミの捨て方

●引っ越しシーズンに多い「ゴミ捨てルール違反」

　マンションのゴミ置場に古い家具や壊れた電子レンジ、自転車や冷蔵庫等が山積みになっている光景をみたことはありませんか。転居等が増える春先や秋口には、引っ越しをした人がゴミを置きざりにして行く等のトラブルが発生することは少なくありません。居住者が賃貸人だった場合には新たな住所や連絡先がわからないことも多く、区分所有者が遠くに住んでいたらすぐに対処してもらうのも難しいでしょう。

　こうした問題を避けるためには、常日頃から居住者のゴミに対する意識を高めておくことが大切です。ゴミの出し方についてのルールを意識していない人のなかには、粗大ゴミを出す際、自治体への届出や料金の払い込みが必要なことを知らないということもあるでしょう。

　こうした人たちに向けては、ゴミ捨てに関するルールを自治体のホームページ等からダウンロードし、掲示・配布をしておくのがよいでしょう。この時、掲示や配布の方法にも工夫が必要です。掲示板に貼りだしたり、郵便受けに投函したりするだけでは、他の掲示物やたくさんのチラシ類にまぎれて高い効果は期待できません。特にゴミ問題が発生しやすい引っ越しシーズンの直前期には、居住者の注目を集めるような工夫をしてみましょう。

　例えば掲示の際、紙の表面にフィルムを貼る「ラミネート加工」を施します。また、いつもの掲示板だけでなく、エレベーターの操作盤近く等、多くの人が目を止める場所にも掲示します。さらに各戸に配布する場合には郵便受けに投函するのではなく、ドアに挟み込む方がよく目立ちます。

●こうやって対処と防止を！

　もし粗大ゴミが無断で捨てられていた場合、ゴミに「ルールに違反しています」等の貼り紙をし、ゴミを捨てた当人に適切に処理してもらうのが最善です。しかしゴミを出した人と連絡がつかない場合は、管理組合が処理する

しかありません。自治体の粗大ゴミ受付窓口に連絡し、規定の料金を支払って粗大ゴミを捨てます。この時にかかるゴミ処理費は、管理組合の管理費から捻出することになります。こうならないようにゴミ捨てのマナーについて繰り返し周知しましょう。

図 6-10-1　全戸配布例

> 賃貸の人もいるので区分所有者としない

平成　年　月　日

○○○○マンション居住者　各位

　　　　　　　　　　　　　　　○○○○マンション管理組合
　　　　　　　　　　　　　　　　　　　理事長　○○一郎

ゴミの出し方について
(ゴミの分別徹底のお願い)

○○区は、ゴミの分別収集をしています。可燃ゴミの中に、ビン・カン・ペットボトル等が混じっていると○○区は収集してくれません。ゴミは必ず分別して出すようにしてください。

居住する一人一人がお互いにルール・マナーを守り、快適なマンションライフを過ごせるよう、ご理解・ご協力をお願い致します。

以上

図 6-10-2　自治体で配布している分別表の例

紙くず　雑草のたば　空きカン

雑草や捨てられたゴミなどの処理はこまめに行う

自治体で配布している分別表があれば、書面と一緒に配布すると効率的です。まずは、居住者に分別方法や曜日を把握してもらうことが第一です。

○○区の
資源・ゴミの出し方

| 容器・包装プラスチック　週1日 |
| 可燃ゴミ　週2日 |
| 不燃ゴミ　2週間に1日 |
| 古紙　　　週1日 |
| 集団回収　毎月 |
| 飲食用　ビン・カン　週1日 |
| ペットボトル　　　週1日 |
| 粗大ゴミ　月2日（有料）|

6・トラブルの対処法

6-11 役員の成り手不足

●近年増加する「役員の固定化」問題

　管理組合の役員の決定方法は、「推薦制」「輪番制」「公募制」等があります。自主性を重視するなら公募制が望ましいですが、新たに立候補する人が少なく、理事をする人が固定化して不満が出ることも多いと聞きます。これらの対策の第一歩として、まずは役員の成り手が少ない原因を考えてみましょう。

●役員を断る原因とその対策

　高齢となった組合員が、役員になった際の負担に耐えられないという場合には、負担の少ない役職を担当してもらう等により説得を図りましょう。

　また、役員要件を現に居住する組合員とし、区分所有者に役員をお願いする場合、仕事等で忙しいという理由で断られることも少なくないと思います。そうした場合、役員の資格要件を緩和するための規約改正を検討してみてはいかがでしょう。例えば、区分所有者の配偶者や一親等以内の親族（親子）でもマンションに住んでいれば役員になれるようにする等です。ただし、理事長や監事等の責任の重い役職をお願いするのはやめましょう。

　そのほか部屋を賃貸に出す等、マンション外に住む区分所有者が増え、役員を引き受けられない場合もあります。こうした際、区分所有者の間で「同じ区分所有者なのにマンション外に住むと役員をやらなくていいの？」と不満が出ることがあります。このケースでは、2つの解決法が考えられます。1つ目は役員に報酬（手当て）を支払う方法、2つ目は逆に永続的に役員を辞退する人から「協力金」等の名目でお金を徴収する方法です。集めたお金は管理組合の活動全般に使用します。居住者の不公平感を和らげるために一定の効果があります。しかし「お金を支払えば、管理組合の活動に協力しなくてもいい」と勘違いをされても困ります。日頃からの広報活動を通じ、管理組合活動がマンションにとって大切であることを広めましょう。

図6-11-1 マンション管理の新たな動向「第三者管理者方式」

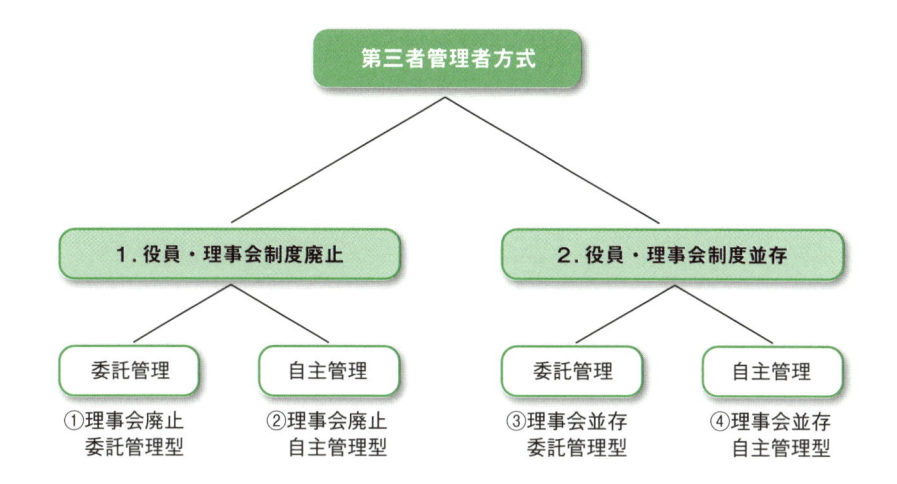

```
                    第三者管理者方式
                    /            \
        1.役員・理事会制度廃止    2.役員・理事会制度並存
          /        \              /        \
      委託管理    自主管理      委託管理    自主管理
      ①理事会廃止  ②理事会廃止  ③理事会並存  ④理事会並存
      委託管理型   自主管理型   委託管理型   自主管理型
```

> 専有部分の賃貸化や区分所有者の高齢化にともなう役員の選出難等の理由から役員・理事会方式による運営が困難となっている管理組合において、区分所有者以外の者を管理者として管理組合の運営を行う方法をいいます。第三者管理者方式は、管理形態(管理会社への委託管理・自主管理)によって、上図の4つに分類することができるとされています。

❗「管理組合の運営は自分達で」が基本

例えば、リゾートマンションや都心のマンションでは、管理会社や専門家にほぼ全ての管理組合運営を任せているケースもあります(この場合、理事会はありますが、活動は大幅縮小しているところと、一切の理事会機能を廃止しているところとがあります)。

しかし、自分のマンションは自分達で管理するのが理想。多少の煩わしさはあっても、自らが役員となって管理組合を運営する方が望ましいでしょう。

❗「野良猫」にエサをあげるとペットになる?!

　京都府京都市は、政令指定都市としてはじめて、野良猫等への無責任なエサやり等を罰則付きで禁じる「動物との共生に向けたマナー等に関する条例」を議会で可決し、2015年7月から施行しています。

　本条例案には、動物のふん尿やにおいに苦しむ住民から"期待の声"が上がる一方で、「適切なエサやりも排除される」「野良猫が餓死してしまう」等、約3千件にも上る疑問や批判が寄せられたそうです。これら疑問や批判を受けて同市からは、「地域の同意を得る」「清掃をする」等の条件を満たせば"適切なエサやり"として禁止対象にならないとの説明がありました。

　それでは、マンション敷地内での行為はどうでしょうか。頻繁な、野良猫等へのエサやりは、飼育責任を果たさない中途半端な態度として見過すわけにはいきません。

　もし、居住者が猫にエサを与えていたら、本当に野良猫なのかを確かめ、飼い主がいるなら、管理責任は本来の飼い主にあります。飼い主がいない場合は、その動物を管理規約等で飼える種類・大きさであることを確認した上で、その居住者にペットとして正式に飼うように勧め、「ペット飼育届出書」の提出等の手続きと予防接種等を受けるように依頼します。

　また、常日頃から、管理員等がマンション内の巡回や清掃を行う際、ふんやエサやりの形跡が残っている等、動物について気がついた点があれば、報告するように依頼しておきましょう。そうすれば、早い段階で問題を把握し、対処することができます。

居住者がネコにエサを与えていたら、野良猫が飼い猫かの確認を!

飼い猫 ? 野良猫 ?

第7章

接遇とマナー

マンション管理では、居住者だけでなく、
さまざまな人と接する機会が生じます。
そのとき、相手に失礼のないように、
また無用なトラブルを起こさないようにするため
接遇やマナーを身につけておきましょう。

7-1 ホスピタリティ・サービスマインド

●ホスピタリティとは

　ホスピタリティとは、親切な言動や思いやりのある態度、このような精神を表し、いわゆる、おもてなしのことをいいます。ホスピタリティは、「ホスピス」という言葉に関連し、ラテン語のホスピティウム「暖かいもてなし」が由来とされ、例えば、疲れた人、飢え、渇いた人達に水や食料を与える等、無償の奉仕でもてなすという行為に発展し、これらの意味から英語のホスピタル（病院）とホテル等の言葉が生まれたといわれています。

　また、サービスマインドとホスピタリティとは同義語と考えられ、思いやりの意識、感謝の心、親切、優しさ、精神、知識力、記憶、捉え方、考え、意見、意向、気分等を言い表します。

●ホスピタリティ・サービスマインド

　ホスピタリティやサービスマインドを身につけると人との触れ合いが増え、信頼おける魅力あふれる豊かな心創りに役立つといわれています。

　管理組合の役員や居住者、来訪者等、人と接することの多い人材サービス業を行う上で実際に見習うべきお手本は、ホテルの従業員の接遇・マナーです。

　マンションに関わる全ての方に、安全・安心・快適感を抱いて満足していただけるよう、おもてなしの心を込めた親切な対応が重要です。

　ホスピタリティやサービスマインドが高い人は、人に求められる前に一歩踏み込んだ自発的かつ積極的な言動ができ、居住者等が満足するサービス提供を自己の意思で実行に移せる人であるといえます。ホスピタリティにつながるサービスには表7-1-1のように3段階あります。ただし、居住者等が魅力を感じないものは、サービスとはいえないため注意が必要です。

　また現在、実行している自身のサービスマインドについて、チェックリストで確認してみましょう。

表7-1-1 ホスピタリティへの3段階のサービス

第1段階	人材サービス業として必要最低限のサービス
第2段階	相手に特別感を与える、顧客満足度の向上につながるサービス ※顧客に気くばりを感じさせ、良い印象を与える。
第3段階	サービスを受けた相手が、感動や感激を覚えるサービス ※居住者等の求める要望の範囲を超えたサービス。自分の親友や家族に接するのと同じような気持ちを込めてサービスを行うことが大切。

図7-1-2 サービスマインドチェックリスト

1.	YES・NO	人が好きである。
2.	YES・NO	一期一会の心で人に接することができる。
3.	YES・NO	自然に素直な笑顔を出すことができる。
4.	YES・NO	人の世話をすることが好きである。
5.	YES・NO	奉仕の心で人に接することができる。
6.	YES・NO	サービスの際は思いやる心を忘れず、言動に示すことを意識できる。
7.	YES・NO	人に尽くすことが好きである。
8.	YES・NO	人への気遣いができる。
9.	YES・NO	協調性がある。
10.	YES・NO	会話や心のキャッチボールが好きである。
11.	YES・NO	人の嬉しそうな顔を見るのが好きである。
12.	YES・NO	人に喜んでもらうことを自分のエネルギーとしている。
13.	YES・NO	人に感動を与えること、自らが感動を味わうことに生甲斐を感じる。
14.	YES・NO	人に対しての感性、愛情と情熱が豊かである。
15.	YES・NO	相手の気持ちを大切にし、それを伝える行動に結び付けることができる。
16.	YES・NO	積極的に人と交流し、接する上でのこだわりを持ち努力をしている。
17.	YES・NO	いつも感謝の気持ちを忘れない。
18.	YES・NO	人に対して問題意識を持っている（なぜの意識で人の言動を見ている）。
19.	YES・NO	人に対して温かな心を持っている。
20.	YES・NO	人との良質な人間関係の構築に前向きで、チャレンジ精神を持っている。
21.	YES・NO	立場転換をして人に接することができる。
22.	YES・NO	常識を備え、けじめを持って人に接することができる。
23.	YES・NO	繊細さを持ち備えている。
24.	YES・NO	人間関係を創造する意欲を持っている。
25.	YES・NO	積極的に行動し、期待を上回るプラス要素の提供を心掛けている。
26.	YES・NO	素直で謙虚さを持っている。
27.	YES・NO	細かな目配りができ、観察力が秀でている。
28.	YES・NO	反省心を持っている（反省心＝自分自身の心と言動を見つめること）。
29.	YES・NO	何かをしてもらったら、何かお返しをする気持ちを持っている。
30.	YES・NO	性善者である（人間の生まれつきの性質は善である）。

※YESが多いほど、サービスマインドが高いといわれています。

7-2 立ち居振る舞い（立ち方・歩き方・座り方・おじぎ）

●立ち方

　背筋を伸ばし、あごをひき、胸を張ってお腹を出さないように立ちます。その際、肩の力を抜いて左右の高さを揃え、つま先を30～60度に開きます。
　指先は、男性はまっすぐ伸ばし、女性は左手を上にして手を揃えます。

●歩き方

　背筋を伸ばし、あごを軽くひき、ひざを伸ばして身体の重心を前方にかけ、テンポよく歩きます。その際、肩は揺すらず、大きな足音を立てないように歩きます。
　歩く速度は、ゆっくり歩きすぎると共用廊下等の通行の妨げになり、忙しいからと走ったりすると人にぶつかったり、周囲の迷惑になることがあります。特に廊下の曲がり角やエレベーター付近等は、周囲に居住者等がいないか目を配りながら、適度なスピードで歩きます。正しい歩き方をすれば、体のバランスもよくなり疲れにくくなります。

●座り方

　背筋を伸ばし、背もたれや肘掛けに寄りかからないようにします。男性は、握りこぶしが2つ程度入るようにひざを開き、手をももの上に置きます。女性は、ひざを揃えて、手を重ねももの上に置きます。
　椅子に座る際は、足を組む、背もたれや肘掛けに寄りかかる等のだらしない姿勢は禁物です。姿勢が悪いと仕事に対してやる気がないという悪い印象を与えるばかりか、肩こりや頭痛等、健康に影響がでることもあります。

●おじぎ

　言葉を使わずに動作で敬意を表すことができます。目的、相手、場所等に応じておじぎを使い分けます。

図 7-2-1　注意したい立ち居振る舞い

立ち方
- 頭のてっぺんを上に引っ張られるような気持ちで
- あごを引く
- 肩の力を抜く
- おなかを引っ込める
- おしりを引き締める

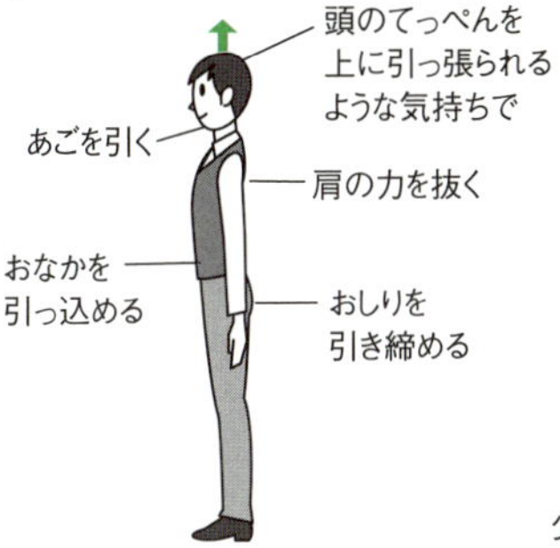

歩き方
- あごを軽く引く
- 肩の力を抜く
- 背筋を伸ばす
- 軽くひざを伸ばす
- 少し広めの歩幅でかかとから下ろす

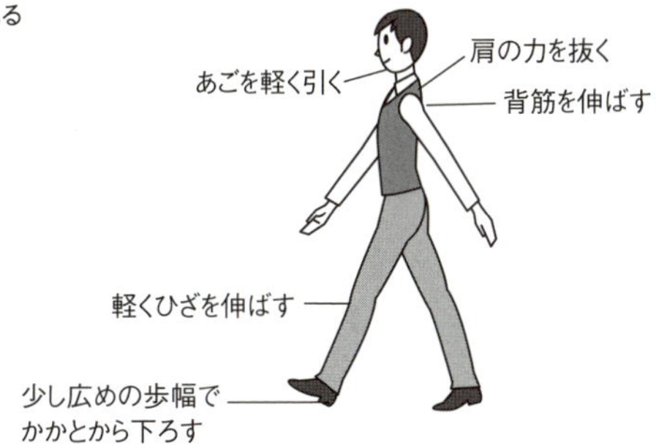

座り方
- あごを引き、相手とまっすぐに向き合う
- 背筋はピンと伸ばす
- 手はももに軽く置く
- 背もたれと背中の間は握りこぶし1つ分程度開け寄りかからないように
- 男性は握りこぶしが2つ程度入るようにひざを開き、両足をそろえて前に出す。女性はひざを揃えて、手を重ねもものに上に置く
- かかとはきちんと床につける

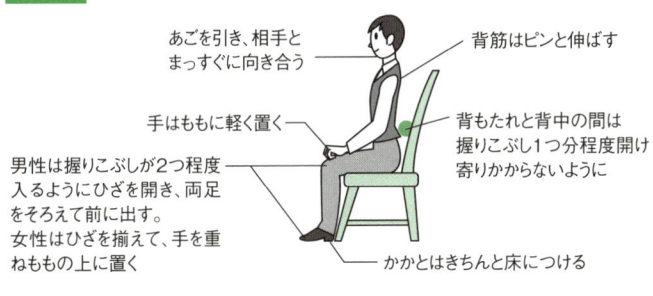

きれいなおじぎマニュアル

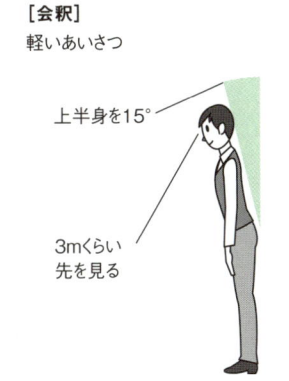

[会釈]
軽いあいさつ
- 上半身を15°
- 3mくらい先を見る

軽いおじぎで、1日に何度も顔を合わせる相手や仕事上、直接関係がない来客等に対して使う挨拶

[敬礼]
一般的なあいさつ
- 上半身を30°
- 2mくらい先を見る

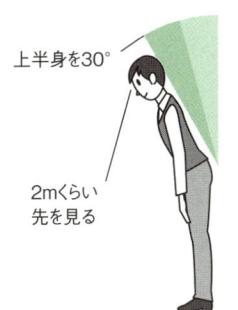

出迎えや来客に対して使う挨拶

[最敬礼]
深い敬意を示す
- 上半身を45〜60°
- 1mくらい先を見る

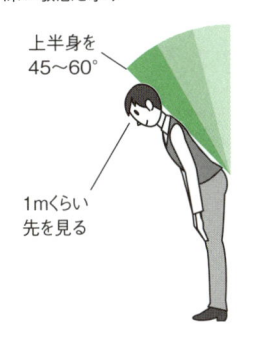

謝罪やお願いをする等、おじぎで最も丁寧な挨拶

7・接遇とマナー

7-3 言葉づかい（敬語・美化語・接遇用語等）

●言葉づかいの注意点

　マンション管理に携わる際、時としてボランティアをしているような錯覚を起こす方がいますが、仕事である以上、不適切な言葉遣いは許されません。それは、居住者等の相手に不快感を与えるだけでなく、社会人としての常識が疑われるためです。日常の言葉づかいや口癖等は、ビジネスでは通用しない場合が多いため、居住者等に失礼がないようビジネス会話を身につける必要があります。

　敬語は、社会人としての常識をはかる尺度にもなります。相手を敬う気持ちを表現し、使い分けましょう（図7-3-1）。

　「お○○」「ご○○」をつけた丁寧語は、美化語といいます。何にでもつければいいのではなく、自然現象や動物、外来語、外国語、もともと敬語である言葉、良い意味でない言葉等に使うことはできません。

　また、単刀直入に言わずに、「お手数ですが」「申し訳ありませんが」等、相手の気持ちに配慮して、頭につける言葉はクッション言葉といいます。印象を柔らかくするので、会話の潤滑油になります。

　ビジネス会話で、敬語と同じぐらい重要なのが接遇用語です。お客様に対する丁寧かつやわらかい表現のもてなすための話し方です。事務的にならないよう心を込めて、自然体で使います。

●会話の内容について

　言葉づかいの他に会話の内容に注意する必要があります。天気やニュース等、差し障りのない話題で会話のきっかけをつくると雰囲気が和み、話がスムーズに進むことでしょう。この際、意見が相違する可能性のある話題、プライベートに関する内容等は控えましょう。

　また、なるべく聞き上手になり、「ええ」「そうですね」「すごいですね」等、適度な相槌を打つのも重要なテクニックの1つです。

図 7-3-1　言葉づかい

「ビジネス会話」のポイントには①話し方、②視線、③表情、④ジェスチャーがあげられます。

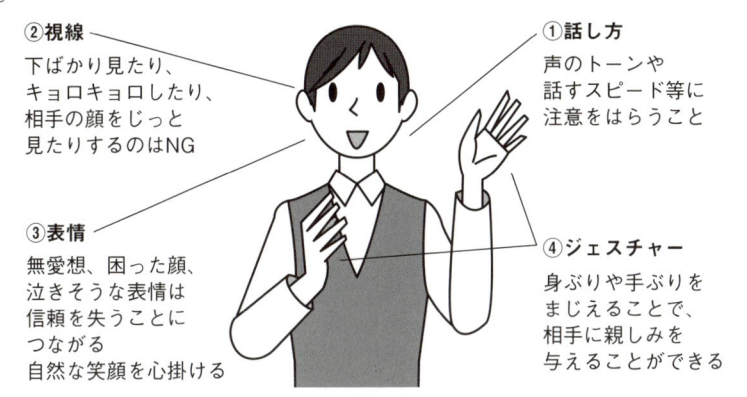

②視線
下ばかり見たり、キョロキョロしたり、相手の顔をじっと見たりするのはNG

①話し方
声のトーンや話すスピード等に注意をはらうこと

③表情
無愛想、困った顔、泣きそうな表情は信頼を失うことにつながる
自然な笑顔を心掛ける

④ジェスチャー
身ぶりや手ぶりをまじえることで、相手に親しみを与えることができる

(1) 尊敬語　相手や第三者の動作や状態を自分より高めることで、敬意を表します。
(2) 謙譲語　相手に対して、自分がへりくだることで敬意を表します。
(3) 丁寧語　相手に対して、丁寧な表現を使うことで敬意を表します。

表 7-3-1　よく使用される「敬語」

基本語	尊敬語	謙譲語	丁寧語
言う	おっしゃる	申す	言います
	言われる	申し上げる	
する	なさる	いたす	します
	される		
見る	ご覧になる	拝見する	見ます
聞く	お聞きになる	承る	聞きます
		伺う	
		拝聴する	
知る	ご存じ	存じ上げる	知ります

表 7-3-2　よく使用される「接遇用語」

基本語	接遇用語
分かりました	かしこまりました
すみませんが　すみません	恐れ入りますが　申し訳ございません　失礼いたしました
差し支えなかったら	お差し支えなければ
ちょっとお待ちください	少々お待ちくださいませ
いいです	承知いたしました
伝えてくれますか	お伝えいただけませんでしょうか
来てください　おいでください	お越しください　ご足労願います

7-4 コミュニケーション・コミュニティ形成

●コミュニケーションとは

　コミュニケーションとは、気持ちや意見を言葉や身ぶり手ぶり等で、相手に伝えることをいいます。いわば、情報の伝達、意思の疎通がコミュニケーションです。

　マンション管理のなかでは管理組合役員、居住者等、様々な人と接します。これらの関係者と良好な人間関係を築くためには、コミュニケーション能力が求められます。この能力が高いと自分の気持ちや考えを正確に伝え、相手の主張を理解することができるため、相互に安心感や信頼感が生まれます。

　また、人と人との繋がりが広がることで自然と情報が集まり、業務を円滑に進めることができます。

　さらに、管理における様々な課題を解決していくためにも、日頃からコミュニケーションを取っておくことは重要です。そのため、理事長やその他役員、依頼を受けた居住者等と連絡を取りやすい、コミュニケーション手段（図7-4-1）を事前に確認しておきます。なかなか連絡がとれない場合は、連絡ノートや手紙等を活用することも有効でしょう。なお、ご迷惑をおかけした相手やお願いごとをする場合は、メールでの連絡は失礼です。直接会ってお詫びをするか、最低でも電話でお願いするようにします。

●コミュニティはこうしてできる

　コミュニティとは、地域社会や共同体、人々が共同意識をもって共同の生活を営む一定の地域およびその人々の集団をいいます。コミュニティは、①共同性（血縁的・地縁的・感情的なつながりによる共同生活を営む集団）、②地域性（居住する一定の心理的あるいは物理的空間、その土地独特の気質や生活慣習等、ある種の共通性）、③つながり性（お互いが関心を持ち合い、つきあいを通して連帯感を持つ）等によって形成されます。震災対策としても、コミュニティ形成は注目されています。

図 7-4-1　コミュニケーション手段とそれぞれのメリット・デメリット

面会

メリット
- 相手の表情が見える
- あらかじめ日程調整できる
- 理解度に応じて、補足資料等が使用できる
- 理解度を目と耳で、直接確認できる

デメリット
- 外見や表情等、話以外の要素が相手の理解を左右する
- 外部居住者等、遠距離の場合、時間やコストがかかる
- 身だしなみ等、出かける準備が必要

携帯電話

メリット
- 離れている相手とコミュニケーションがとれる
- 待ち合わせや緊急時の連絡手段として使用できる

デメリット
- 相手の表情が見えない（映像が見られるものを除く）
- 文書等と違い、記録を残しづらい
- 電波等により接続が不安定になることがある

電子メール

メリット
- 時間を気にせず、送信できる
- 離れている相手とコミュニケーションがとれる
- 複数に同時送信できる
- 文書で記録を残すことができる

デメリット
- 複雑な内容や感情を伝えにくい場合がある
- 文章から得られるイメージや理解が人によって異なる

FAX

メリット
- 時間を気にせず、送信できる
- 資料や書類等をそのままのイメージで伝えることができる
- 記録を残せる

デメリット
- 誰が手にとるかわからないため、プライバシーが保護されない
- 送受信に時間がかかったり、受信確認をする等の手間がかかる

💬 コミュニティの絆は、こうして深めよう

　平成 23 年 3 月に発生した東日本大震災は、地域の絆の重要性について改めて教えてくれました。災害に立ち向かうためには、「地域住民の助け合いが必要だ！」と、誰の目にも明らかになったからです。

　もちろん、マンションも例外ではありません。居住者同士の人間関係を深めることは、管理組合にとって重要な課題です。まずは、共通の話題を通し、居住者同士が交流できる場を設けてみましょう。

　例えば、マンション内の集会室や近所の公民館を利用して、将棋やダンスの同好会を開いたり、ペットを飼っている人同士が集まる「ペットクラブ」を結成してみてはいかがでしょう。また、総会や消防訓練後にバーベキュー大会を行う、夏祭り等のイベントを開催するのも 1 つの方法です。なかには、住民が持ち回りで講師となり、人よりちょっと得意なことをカルチャースクールのように教えたり、定期的に演奏会や散策する会の運営をするなど、好評を得ているマンションも存在します。女性が率先すると上手くいくケースが多いようです。

　ただし、主催者に過大な負担がかかる試みはNG。無理のない範囲で楽しむことが、取り組みを長続きさせるコツです。

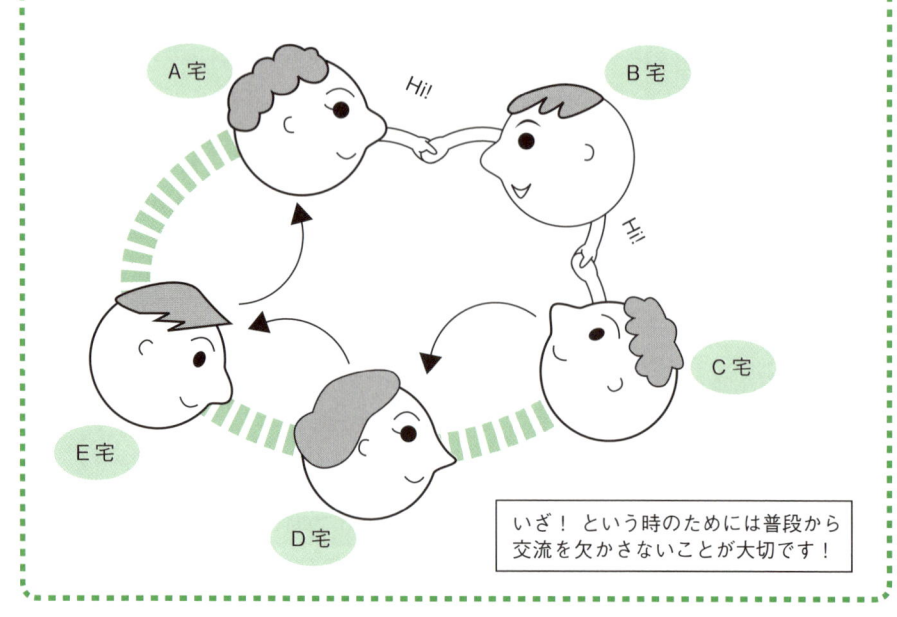

いざ！ という時のためには普段から交流を欠かさないことが大切です！

第8章

マンションの法令

マンション管理は、多岐の分野にわたります。
そのため、管理業務に携わるうえで
知っておいた方がよい法令がたくさんあります。
また、新しくきまりごとを作る合意形成の際にも
法令の知識は必要です。
ここでは、マンションの管理に関係する
さまざまな法令を学びます。

8-1 マンション標準管理規約

●国が規定したルールの雛形

　管理組合の組合員等が、安全・安心・快適に生活するためには、きまりごとであるルールが必要です。これまではマンション分譲業者や管理会社が個々に管理規約を作成していましたが、内容に統一的な基準がなく、不十分なものも少なくありませんでした。そのため、ルールに一定のガイドラインを示すべく、国土交通省が作成した雛形が、マンション標準管理規約です。

●マンション標準管理規約は3種類

　マンション標準管理規約には、①単棟型、②団地型、③複合用途型という3種類があります。ここでは単棟型の内容を中心にご紹介していきます。
　マンション標準管理規約（単棟型）では、区分所有者の有する専有部分は、もっぱら住宅として使用するものとし、他の用途に供することはできないと定められています（図8-1-1）。
　また、バルコニー等の専用使用権についても細かい取り決めがあります。これらの詳細については、表8-1-2をご参照ください。
　その他、共有持分、専有部分の修繕等、管理費等、管理組合の業務、管理組合の役員、理事会、総会、議事録、管理組合の収入および支出、借入れ、義務違反者に対する措置等についての項目が設けられています。
　最新のマンション標準管理規約は国土交通省のウェブサイトで、無料にて入手することができます。ただしマンション標準管理規約は、あくまで標準的なモデルにすぎず、どこの管理組合でも採用しなければならないと義務づけられているものではありません。
　実際にはどこの管理組合でも、国土交通省が公表しているマンション標準管理規約を見本に、個々のマンションの実情に合わせて、修正・削除・追加して作成されています。

表 8-1-1　マンション標準管理規約の種類

①標準管理規約（単棟型）	一般分譲の住居専用の単棟型マンション
②標準管理規約（団地型）	一般分譲の住居専用のマンションが数棟所在する団地型マンション
③標準管理規約（複合用途型）	一般分譲の住居・店舗併用の単棟型マンション

図 8-1-1　専有部分の範囲と用途

マンション標準管理規約（単棟型）では、次の部分が専有部分の範囲となる

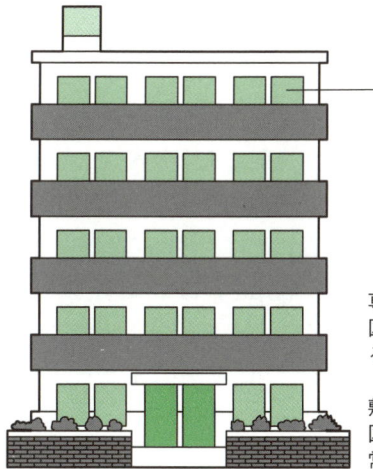

専有部分の範囲（7条）
①住戸番号が付されている住戸
②天井、床および壁は、躯体部分を除く部分
③玄関扉は、錠および内部塗装部分
　上記①～③の専有部分の専用に供される設備のうち共用部分内にある部分以外のもの

専有部分の用途（12条）
区分所有者は、その専有部分を専ら住宅として使用するものとし、他の用途に供してはならない。

敷地および共用部分等の用法（13条）
区分所有者は、敷地および共用部分等をそれぞれの通常の用法に従って使用しなければならない。

表 8-1-2　バルコニー等の専用使用権について（2条・14条・14条関係コメント）

①敷地および共用部分等の一部について、特定の区分所有者が排他的に使用できる権利を専用使用権という。
②1階に面する庭（専用庭）について専用使用権を有している者は、管理組合に専用使用料を納入しなければならない。
③区分所有者から専有部分の貸与を受けた者は、その区分所有者が専用使用権を有しているバルコニー等を使用することができる。

※なお専用使用権の対象部分といえども、あくまで共用部分であることに変わりはない。そのため窓ガラスをスリガラスに交換したり、リフォーム時に玄関ドアの外側を塗りかえたり、ベランダに大きな物置を置いたりする等はできないことに注意が必要。

8-2 使用細則

●実務上のルールを定めた使用細則

マンションにおける建物の使用、集会・理事会の運営、会計処理、管理組合への届出事項等の詳細なルールについては、使用細則で定められていることが一般的です。

この使用細則は、区分所有法上において規定はなく、マンション管理適正化指針やマンション標準管理規約で用いられている実務上の用語といえます。

●区分所有法との関係

区分所有法では、特定の事項について最高自治規範である規約でしか定めることができないとされています。しかし規約で基本的な事項を定めて、実施の手続き等の細目事項等を下位の規定で定めることは、認められています。その細目事項を規定する方法として、使用細則が利用されています。

また、区分所有法では規約や集会決議で定めることが可能な事項についても新たに作ることが認められています。その際も使用細則が作成されますが、その内容は、法令やその他の細則事項に反してはいけません。

●使用細則の制定、変更または廃止

これらについては原則として、集会の普通決議で定めることができます。しかし規約に定めがあり、その内容に関わる事項であれば、特別決議で定める必要があります。なお、使用細則は、項目ごとに個別の規定を定める方法と、全体で1つの使用細則を定める方法があります。

具体的な使用細則としては、表8-2-1にあげたようなものを定めているマンションがあります。役員の選任や会計処理についての取り決めのほか、防犯カメラや自転車置場に関して等、普段の生活に関わることにも触れていることがわかると思います。

表 8-2-1　使用細則の一例

理事会運営細則
役員の選任に関する細則
文書保存に関する細則
会計処理に関する細則
管理組合への届出に関する細則
管理費等滞納処理に関する細則
業者発注に関する細則
ペット飼育細則
防犯カメラに関する細則
駐車場、バイク置場、自転車置場に関する細則
管理規約・議事録等の保管、閲覧に関する細則
専有部分の用途、共用部分・敷地の使用方法に関する細則
施設等物件の利用や対価に関する細則　等

図 8-2-1　使用細則の制定、変更または廃止をする時は

理事会
・使用細則の制定、変更または廃止することを決める
・制定、変更または廃止までのスケジュールを決める
・制定案、改定案を作成する

⬇

総会
・普通決議（特別会議）にて可決する
・議事録を作成し保管する

⬇

管理組合
・新しい使用細則を区分所有者および必要に応じて居住者に配布し、使用細則原本の保管場所を掲示する
・廃止する場合は、廃止日をご案内する

8-3 マンション標準管理委託契約書

●マンション管理を外部委託する契約書の雛形

　マンションの管理を管理業者に委託するため、管理組合と管理業者との間で交わす契約を管理委託契約といいます。そのために国土交通省が標準的な住居専用の単棟型マンションを想定した契約書の雛型として公表しているのが「マンション標準管理委託契約書」です。

　これを見本にマンションの規模や設備等の実態に合わせて管理組合と管理業者との間で内容を協議します。その上で管理委託契約が締結されています。また、標準管理委託契約書は管理事務を管理業者に委託する場合（適正化法2条6号）を想定しており、警備業法に定める警備業務、消防法に定める防火管理者が行う業務は、管理事務に含まれていません。

　標準管理委託契約書における管理業者が行う業務内容は、①事務管理業務、②管理員業務、③清掃業務、④建物・設備管理業務の4つです。

●管理事務の対象部分と再委託について

　マンションの管理事務（マンションの管理に関する業務のうち、管理組合が管理業者に委託する業務）の対象となる部分は、①敷地、②専有部分に属さない建物の部分（規約共用部分を除く）、③専有部分に属さない建物の附属物、④規約共用部分、⑤附属施設です。

　また、管理会社は基幹事務以外の事務管理業務を第三者に再委託できますが、全ての業務を再委託することはできません。管理員業務、清掃業務、建物・設備管理業務については、その一部もしくはそのすべてを再委託することができます。なお、第三者に再委託した場合、管理事務の適正な処理について、管理会社は責任を負わなければなりません。

　このほか、マンション標準管理委託契約書で規定されているのは、管理事務に要する費用の負担および支払方法、管理事務室等の使用、緊急時の業務、管理費等滞納者に対する督促、有害行為の中止要求等です。

表 8-3-1　標準管理委託契約書の委託業務内容

業務内容	具体的な事項	第三者への再委託
（1） 事務管理業務	1　基幹事務 ①管理組合の会計の収入および支出の調定 ②出納 ③マンション（専有部分を除く）の維持または修繕に関する企画または実施の調整 2　基幹事務以外の事務管理業務 ①理事会支援業務 ②総会支援業務 ③その他	一部可
（2） 管理員業務	1　業務実施の態様 ①業務実施態様 ②勤務日・勤務時間 ③休日 ④執務場所 2　業務の区分および業務内容 ①受付等の業務 ②点検業務 ③立会業務 ④報告連絡業務	可
（3） 清掃業務	1　日常清掃 2　特別清掃	可
（4） 建物・設備 管理業務	1　建物点検、検査 2　エレベーター設備 3　給水設備 4　浄化槽、排水設備 5　電気設備 6　消防用設備等 7　機械式駐車場設備	可

8-4 重要事項説明書

●重要事項の説明等（適正化法72条）とは

　管理組合と管理業者との間で締結する管理委託契約について、管理組合に不利な内容となっている、契約内容について十分な説明を受けていない等のトラブルをよく聞きます。マンション管理適正化法では、管理業者に対して管理受託契約を締結する際、原則として区分所有者等に契約内容の重要な事項を説明させることを義務づけています。

　実務上では「管理委託契約書」と題した書面の交付をして契約をします。なお、管理組合から見ると委託ですが、管理業者から見ると受託という点に注意が必要です。

●重要事項説明の手順は

　管理業者が管理受託契約を締結する際、原則として説明会を開催し、当該管理組合を構成する区分所有者等に対して重要事項について説明をしなければなりません。なお、説明は管理業務主任者が担当するように定められています。説明会を開催する場合、管理業者は説明会の日の1週間前までに管理組合を構成する区分所有者等および当該管理組合の管理者等の全員に対して重要事項と説明会の日時、場所を記載した書面を交付する必要があります。

　この場合、書面の発信者は管理組合の理事長名ではなく管理業者です。総会のご案内（議案書）と混同しないように注意が必要です。また、重要事項の説明をする際、管理業務主任者は説明の相手方に対し、管理業務主任者証を提示することが義務づけられています。

　例外として、前回の契約内容と同一条件（減額になる場合を含む）で更新する場合は説明会の開催義務はありません。この場合、管理業務主任者が管理者等に重要事項説明書を交付して説明し、それぞれの区分所有者へ重要事項説明書の写しを配付します。なお、管理業者は、交付すべき重要事項説明書を作成する際、管理業務主任者に記名押印させなければなりません。

図 8-4-1 管理受託契約と重要事項説明

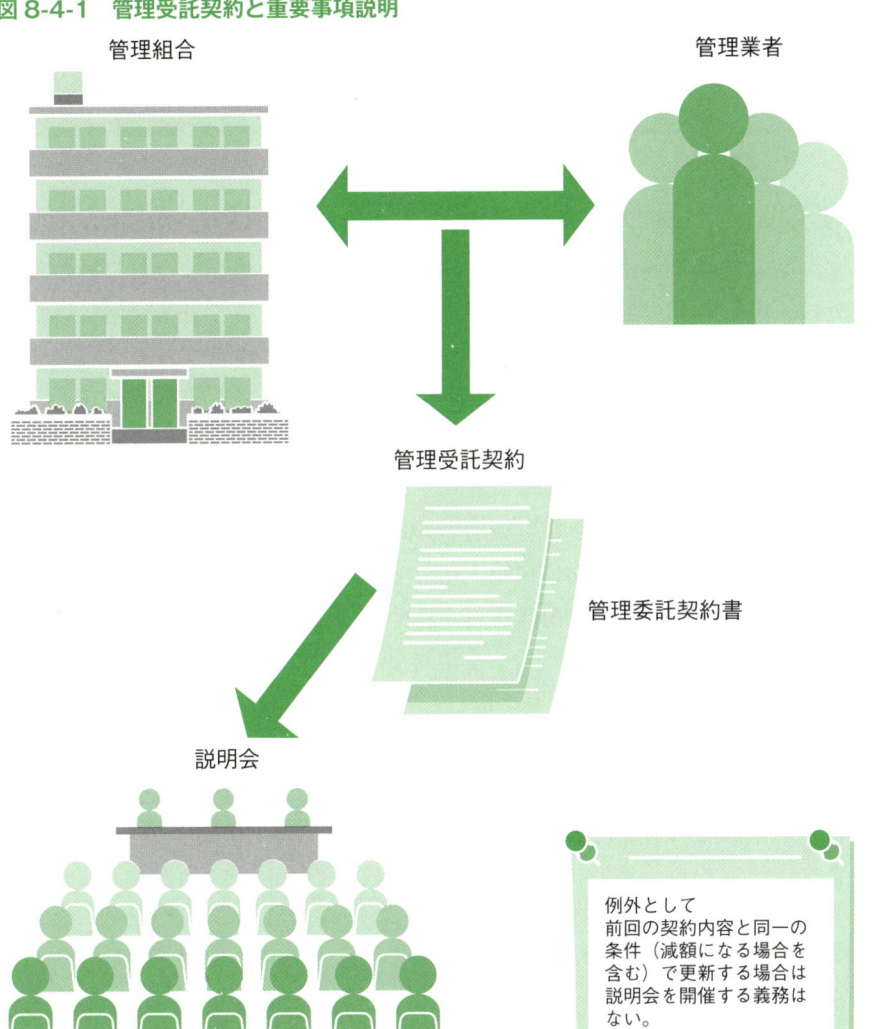

管理組合

管理業者

管理受託契約

管理委託契約書

説明会

管理受託契約にあたり、管理業者は管理委託契約書を作成した上、管理組合に対して内容に関する説明会を開催しなければなりません。また説明会の日時、場所については、開催日の1週間前までに書面で案内する必要があります。

例外として
前回の契約内容と同一の条件（減額になる場合を含む）で更新する場合は説明会を開催する義務はない。

ただし、管理者に重要事項説明書を交付のうえ、それぞれの区分所有者に重要事項説明書の写しを配布する等しなければならない。

8・マンションの法令

8-5 建物の区分所有等に関する法律

●権利関係や管理方法を定めたマンション法とは

　マンションは、各住戸部分について各人が個別に所有し、それ以外の建物部分は、区分所有者全員で共有するのが一般的です。さまざまな居住者が共同生活をするマンションでは、複雑かつ多岐にわたるトラブルや権利関係が存在します。

　建物の区分所有等に関する法律とは、このような建物において法律関係の円満な解決を図るため、広範囲な事柄について定めた法律です。略して、「区分所有法」や「マンション法」ともいわれています。

　この法律では一棟の建物に構造上区分された数個の部分が存在し、それが独立して住居、店舗、事務所または倉庫その他建物としての用途に供することができる部分（専有部分）のある建物を「区分所有建物」としています。

　なお、一般的な賃貸マンションは、建物全体を1つの所有物として、1オーナーで所有しているため、区分所有建物には当たりません。

　また、区分所有者が2人以上存在した場合、これらの区分所有者は全員で建物やその敷地および付属施設の管理を行うための団体を構成することになります。

●専有部分と共用部分とは

　専有部分とは、右表8-5-2の条件を満たす目的で使われている建物の部分のことをいいます。また、共用部分とは、表8-5-3の（1）～（3）に該当する箇所をいい、このうち（1）および（2）を「法定共用部分」、（3）を「規約共用部分」といいます。

　この他、区分所有法では、共用部分の持分の割合、共用部分の変更と管理、区分所有者の責任、義務違反者等に対する措置、復旧や建替え、団地等、広範囲な事柄について定められています。

表 8-5-1　区分所有法における各用語の定義

用語	定義
区分所有権	棟の建物に構造上区分された数個の部分で独立して住居、店舗、事務所または倉庫その他建物としての用途に供することができる部分を目的とする所有権
区分所有者	区分所有権を有する者
専有部分	区分所有権の目的たる建物の部分
共用部分	①専有部分以外の建物の部分 ②専有部分に属しない建物の付属物 ③規約により共用部分とされた付属の建物
建物の敷地	①建物が所在する土地 ②規約により建物の敷地とされた土地
敷地利用権	専有部分を所有するための建物の敷地に関する権利

表 8-5-2　専有部分の定義（2条3項）

構造上の独立性	一棟の建物のうち、構造上区分された部分であることをいいます。例えば、仕切り壁、床、天井等によって他の部分と遮断されていることです。
利用上の独立性	独立して住居、店舗、事務所または倉庫、その他建物としての用途に供することができるものであり（建物としての用途の独立性）、かつ、独立した出入口があり、その出入口を通じて直接に外部に出入りすることができることをいいます。

表 8-5-3　共用部分の定義（2条4項、4条）

（1）専有部分以外の建物の部分	例えば、廊下や階段、エレベーター室等
（2）専有部分に属しない建物の附属物	例えば、電気配線や水道配管、ガス管等
（3）規約により共用部分とされた専有部分および附属の建物	例えば、倉庫や物置小屋、集会室、管理事務室等

(1)(2) を「法定共用部分」、(3) を「規約共用部分」という。

8-6 マンションの管理の適正化の推進に関する法律

●マンション管理の適正化の推進に関する法律とは

　国民の住生活を取り巻く環境の変化や多数の区分所有権が居住するマンションの重要性が増したことに伴い、複雑化するさまざまな問題に対処し、マンションにおける良好な居住環境の確保を目的として、平成13年8月に施行されました。略して「マンション管理適正化法」といわれています。

　この法律において居住者間の生活の基本的ルールやマンションの維持・管理に関するルールのほか、管理業者の登録制度やマンション管理士・管理業務主任者制度等が創設され、規定ができました。

　また、管理組合等の努力義務やマンションの管理を適正に行うための基本的な考え方や方法については、「指針」において示しています。

●適正化法で定義する「マンション」とは

　適正化法が適用になるマンションとは、その建物に少なくとも2人以上の区分所有者が存在している必要があり、1人のオーナーが全ての専有部分を所有している賃貸マンションは、適用されません（表8-6-1）。

　さらに、少なくとも1戸の専有部分が人の居住の用に供するものでなければなりません。そのため、専有部分の全てが事務所や店舗として使用されている建物は、適正化法の対象外です。

●マンション管理業（2条7号）についての定め

　管理組合から委託を受けて管理事務を行う行為で業として行うもの（表8-6-3のような区分所有者等が行うものを除く）をいいます。管理事務とは、マンションの管理に関する事務のうち基幹事務を含むものをいいます。

　なお、マンション管理業者は国土交通大臣への登録（有効期間5年）が義務づけられており、登録を受けた管理業者は、一定数の管理業務主任者を事務所ごとに置かなければなりません。

表 8-6-1　マンション管理適正化法で定義される「マンション」とは

（1）	2戸以上の区分所有者が存在する建物で、人の居住の用に供する専有部分のあるものならびにその敷地および附属施設
（2）	一団地内の土地または附属施設（これらに関する権利を含む）が当該団地内にある上記（1）に掲げる建物を含む数棟の建物の所有者（専有部分のある建物については、区分所有者）の共有に属する場合における当該土地および附属施設

表 8-6-2　区分所有者等と管理組合

マンションの区分所有者等とは

表8-6-1（1）の建物の区分所有者と（2）の土地および附属施設の所有者をいいます。賃貸マンションの居住者は区分所有者ではありません。
この場合は貸し主が区分所有者となります。

マンションの管理組合とは

マンションの管理を行う区分所有法上の団体または法人を管理組合といいます。分譲賃貸マンションのように現在の居住者すべてが賃貸人であっても管理組合は存在します。

表 8-6-3　マンション管理業に該当しない場合

マンション管理業に該当しない場合とは

①マンションの区分所有者等が、自ら管理事務を行う場合
②管理事務室に管理員を置き、その管理員がマンションの破損箇所の修繕や保守点検・清掃等の調整のみを行う場合
③清掃業務のみ、または警備業務のみを行う場合
④防火管理者として行う業務

8-7 プライバシーと個人情報保護法

●居住者のプライバシー侵害の法的責任

「プライバシー」については法律上、明確な定義はありませんが、一般的にまだ公開されていない私生活上の事実や情報で、他人に知られたくないものを指すと考えられます。例えば、業務中にマンションの居住者等とやりとりした内容をフェイスブックやブログ等に書き込むことは、プライバシーを侵害するおそれが高い行為です。

プライバシーは法律で保護されている権利であり、侵害すれば単に道義的な責任にとどまらず、図8-7-2にあげたような法的責任が生じる可能性があることを認識しておきましょう。

●個人情報の保護に関する法律とは

プライバシーの保護に関する法律としては「個人情報保護法」があります。

個人情報保護法は、個人情報が有用なものとなった昨今において、個人の権利利益を保護することを目的として定められました。基本法の部分では官民に共通する事項について定められ、それ以外に民間事業者の個人情報の取扱いに関する必要最小限の共通ルールを定めています。

誤解されやすいのですが、個人情報保護法は直接プライバシー侵害を保護するものではありません。この法律は個人を識別できる情報を多く取得する立場にある事業者（管理者）を管理するための法律です。

個人情報を不正に利用した場合には、事業者である管理会社が管理義務違反として、個人情報保護法に基づく責任を負わなければならないこともあります。

管理組合で所有している個人情報は、区分所有者や居住者の住所、氏名、電話番号等が記載された名簿、入居届等の各種届出書類、防犯カメラの映像を記録したVTR等があります。

図 8-7-1　個人情報保護法の概要

個人情報保護法

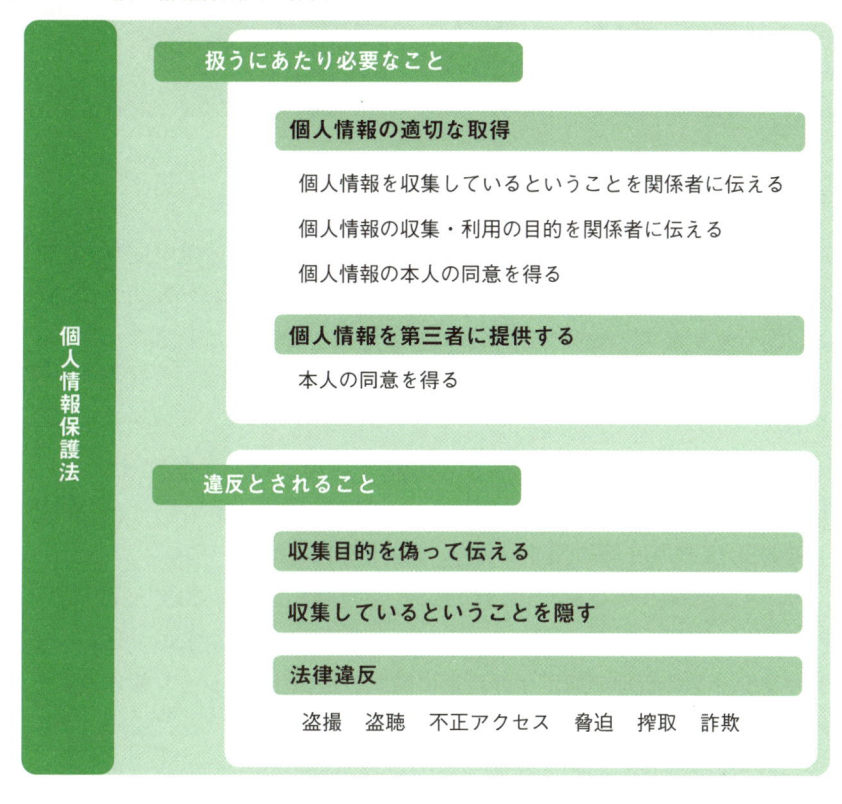

- **扱うにあたり必要なこと**
  - **個人情報の適切な取得**
    - 個人情報を収集しているということを関係者に伝える
    - 個人情報の収集・利用の目的を関係者に伝える
    - 個人情報の本人の同意を得る
  - **個人情報を第三者に提供する**
    - 本人の同意を得る

- **違反とされること**
  - 収集目的を偽って伝える
  - 収集しているということを隠す
  - 法律違反
    - 盗撮　盗聴　不正アクセス　脅迫　搾取　詐欺

図 8-7-2　個人情報保護法侵害の法的責任

刑事罰	6か月以下の懲役または30万円以下の罰金
民事賠償	1人あたり数千〜数万円の賠償（過去にあった判例から）

※マンション標準管理委託契約書（16条2項）では、個人情報取扱事業者の要件への該当に関わらず、個人情報について管理会社は適正な取扱の確保に努めなければならないとされています。

8-8 その他の法令

●マンション管理で登場するさまざまな法令

　マンションは多岐の分野に渡るため、区分所有法やマンション管理適正化法以外にも、マンションの管理に携わるうえで、知っておいた方がよい法令がたくさんあります。そこで、代表的なものを列挙し見て行きましょう。

（1）民法
　幅広い社会生活について定めている法律。管理会社や工事の施工会社などと交わす契約は、民法の枠組みの中で行われている。

（2）建物の区分所有等に関する法律（区分所有法）
　マンションでの共同生活を円滑にし、住人の財産を守るため、最低限のルールをまとめた法律。管理組合にとって、一番触れる機会が多い（152ページ）。

（3）マンションの管理の適正化の推進に関する法律（マンション管理適正化法）
　マンション管理士や管理業務主任者という国家資格について定めているほか、管理組合や区分所有者、管理会社の責務も取り決めている（154ページ）。

（4）被災区分所有建物の再建等に関する特別措置法（被災マンション法）
　大規模災害で全壊したマンションの再建を容易にするため、制定された法律。阪神淡路大震災後に施行されている。

（5）マンションの建替えの円滑化等に関する法律（円滑化法）
　マンションの建て替えをスムーズに行うための法律。

（6）宅地建物取引業法
　賃貸や売買など宅地建物取引業の適正な運営と損害賠償請求や保証期間など消費者保護を目的とする法律。

表 8-8-1　管理業務の中で関わる可能性のある法令

建築基準法
マンションの敷地と道路との関係、構造、設備や用途に関して規制を設けている。

消防法
マンションにおける火災の予防・警戒・調査、消防設備、消火活動、救急業務、危険物の取り扱いなどについて規定した法律。

遺失物法
マンション内で拾ったり、落ちていた遺失物、埋蔵物その他の占有を離れた物の拾得および返還に係る手続、その他その取扱いに関し必要な事項を定めた法律。

自動車の保管場所の確保等に関する法律
居住者から車の買換え等に伴う車庫証明の発行時に関係する。

動物の愛護及び管理に関する法律
愛護を通じた正しい飼い方で、人が飼っている全ての動物の虐待を防ぎ、人への危害や周辺への迷惑を防止する法律。

住宅品質確保促進法
住宅性能を評価したり、マンションに不具合があった場合に、修理や賠償金の支払いなどの責任を追求したりできる法律。

建築物の耐震改修の保護に関する法律
阪神淡路大震災の教訓を受け、地震による建築物の倒壊等の被害から国民の生命、身体および財産を保護するため建築物の耐震改修を促進する法律。

💡 民法と区分所有法

　一般的な建物の所有関係や利用関係は、民法によって規定されています。民法には「1棟の建物に対する所有権を1つだけに限る」とする「一物一権主義」という取り決めがあり、これに従うとマンションの共用部分に変更を加える場合、共有者全員の合意を得なければなりません。そこで、マンション建築の増加にともない、マンションの各戸を独立した所有権の対象とすることや、共用部分に関する決定を多数決で行うことができるようにする「建物の区分所有等に関する法律（区分所有法）」が 1962 年に制定されました。

❗ 行政機関を上手に活用しよう

　国や地方公共団体などの行政機関が、マンションに対して様々な支援策を提供しているのをご存知ですか？これらを知っているのと知らないのとでは、管理組合の運営に大きな差が出てきます。

　例えば、弁護士・建築士等の「専門家による無料相談」、マンション管理の専門家「マンション管理士の無償派遣」、バリアフリー化など共用部分の「改修工事費の助成」「共用部分リフォームローン保証料の助成」「耐震化や建替えへの助成」「防犯や防災への助成」、知識や情報交換を目的とする「管理組合の交流会への支援」「行政主催のセミナーや相談会」といった取り組みが行われています。また国等が、それぞれの目的ごとにモデル事業や推進事業の募集を募り、採択された管理組合に支援する事例もあります。

　その他にも、上下階等の騒音がひどい場合、音の大きさを測る測定器の無料貸出、資源ゴミ用の分別コンテナの無料提供、ハチの巣の駆除にかかった費用の一部を助成する等、行政機関の利用方法はたくさんあります。

　これらの制度は、国・都道府県・市区町村ごとに異なるので、まずは、管理会社のフロント担当者や管轄の住宅課または建設局等に活用できる制度はないか、問い合わせてみてはいかがでしょうか。

　もしかしたら、快適なマンションライフや管理組合運営の円滑化を図る上で、お得と感じる制度があるかもしれませんよ。

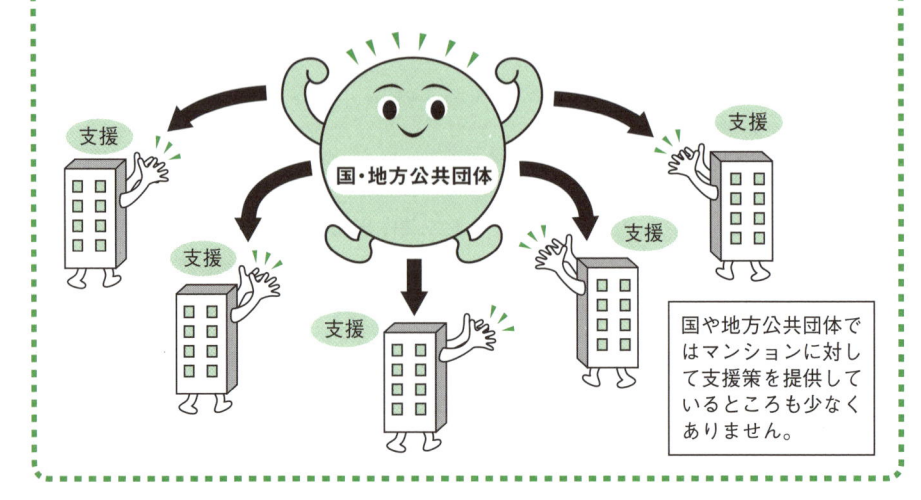

国や地方公共団体ではマンションに対して支援策を提供しているところも少なくありません。

第 **9** 章

新たな価値の構築

世の中が変わるとともに、マンション管理で
必要なことも変化しています。
エコ、高齢化、インフラの変化など、
新たに生じつつある管理業務の必要知識について学びます。

9-1 スマートマンション

●スマートマンションとは

　マンション全体のエネルギー管理、節電およびピークカットやピークシフトを行い、エネルギーの効率的な使用と無理のない節電を実現する、エネルギーマネジメントシステムを持つマンションのことをいいます。

　スマートマンションは大震災発生等、非常時の電力使用や電気料金を抑制するツールとして、注目されています。具体的には、MEMS（メムス）アグリゲータと呼ばれる事業者が、MEMS（マンション全体のエネルギー管理システム）を導入し、IT・クラウド技術による集中管理システムを構築して、エネルギー管理支援サービス（電力消費量を把握し、節電を支援するサービス）等を行います。そのしくみを簡略化すると図9-1-1のようになります。

　また、各種機器に取り付けた測定器でエネルギー使用量を計測し、電気の使用状況等を、インターネット回線を介してパソコンやタブレット等で「見える化」することをHEMS（ヘムス）と呼ばれています。HEMSはホームエネルギーマネジメントシステムの略です。

●スマートマンションの可能性

　スマートマンションにより電気料金の削減（節電行動）につながるだけでなく、将来的にはMEMS・HEMSで得られたデータを分析し、さまざまなサービス提供をすることが可能だといわれています。

　また、昔からある高圧一括受電や太陽光発電（PV）、蓄電池等を組み合わせることで、停電等の非常時のエネルギーセキュリティ強化や侵入者の検知、生活に有益な生活利便性サービスの展開も想定され、コミュニティ形成の一助や資産価値の向上にもつながると考えられます。

　スマートフォンが市民権を得たように改修等のタイミングのみならず、今後、急激に増える建替え時にも導入がスタンダードになる可能性があります。

図9-1-1　スマートマンションのしくみ

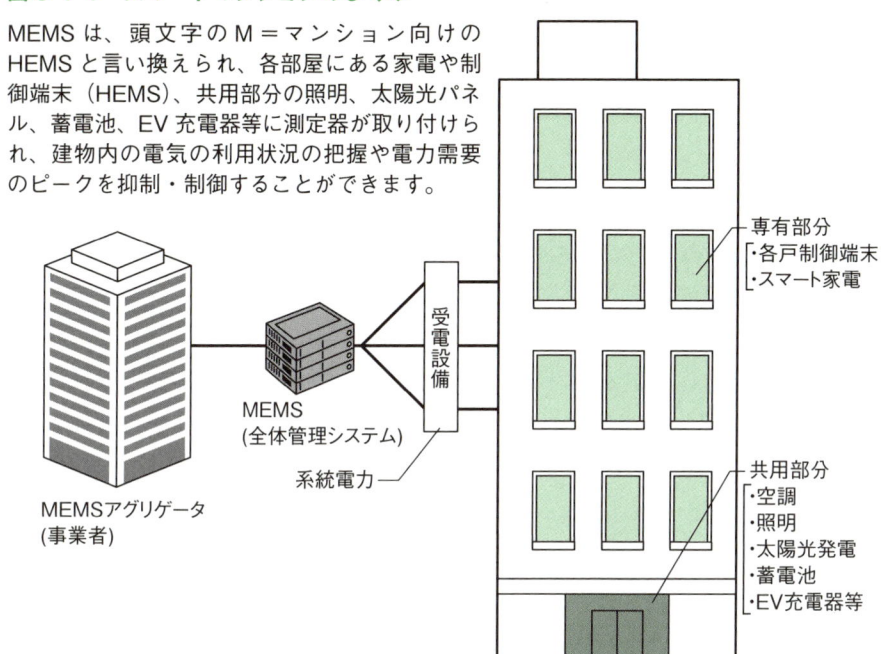

MEMSは、頭文字のM＝マンション向けのHEMSと言い換えられ、各部屋にある家電や制御端末（HEMS）、共用部分の照明、太陽光パネル、蓄電池、EV充電器等に測定器が取り付けられ、建物内の電気の利用状況の把握や電力需要のピークを抑制・制御することができます。

- MEMSアグリゲータ（事業者）
- MEMS（全体管理システム）
- 系統電力
- 受電設備
- 専有部分
  - ・各戸制御端末
  - ・スマート家電
- 共用部分
  - ・空調
  - ・照明
  - ・太陽光発電
  - ・蓄電池
  - ・EV充電器等

図9-1-2　「ピークカット」「ピークシフト」のイメージ

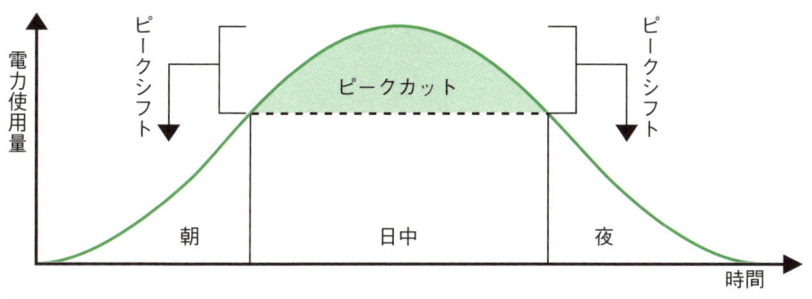

ピークカット	冷房・暖房等の電力需要のピーク（頂点）を低く抑える。
ピークシフト	ピーク時の需要を夜間等の需要が低い時間にシフトさせ平準化する。

　スマートマンションで、現在行われている取り組みの1つが「ピークカット」です。これは電力使用の集中する日中の時間帯を避け、朝と夜に電力使用を分散させるというものです。

9・新たな価値の構築

9-2 専有部サービス

●日々の生活をサポートする専有部サービス

　近年の管理会社では、共用部分の建物や設備といったハード面の管理だけでなく、専有部分に住む居住者の暮らしをもサポートするソフト面のサービスを行うところが増えています。

　具体的には居住者個人を対象に、水漏れ等の緊急時の駆けつけや大型家具の移動、専有部分の管球類の交換等、生活面をサポートするサービスです。専有部サービスは、2007年大手管理会社が福利厚生を提供する企業と管理組合向けにパッケージ化し、受託先である管理組合に導入したのを皮切りに、マンション管理業界に広まったとされる、比較的新しいサービスです。

●専有部サービスの内容と使用料

　専有部サービスには、水漏れや玄関鍵の紛失、ガラス修理や電気トラブルの緊急時の対応、専有部分の管球類交換、大型家具の移動、不用品の回収等、生活面をサポートするもののほか、独居高齢者の声かけや見守り、電話相談、福利厚生サービス等があります。

　今後は管理組合の総会議事録や共用部分のリフォーム履歴の閲覧等、ITサービスを利用したもの、ハウスクリーニング、家事・買い物代行にも拡充が進み、居住者の価値観やライフスタイルの変化に伴って、サービス内容はますます多様化されることでしょう。

　契約が管理組合単位の場合、戸当たり数百円の月額使用料は、管理組合が管理費会計から全住戸分を支払っていることが多く、この費用のなかで対応してもらえるサービス内容や作業時間、回数は各業者によって異なります。

　例えば、水漏れ時に駆けつけて行う応急処置は、1次対応までは無料、その後の2次対応は有料というケースが多く、その他のサービス内容も、無料や使用者のみがその都度支払う（有料）等、様々なケースがあります。専有部サービスの契約形態やサービス提供については、表9-2-1のとおりです。

図 9-2-1　専有部サービスの使用料・申込契約

月額使用料 → 管理組合

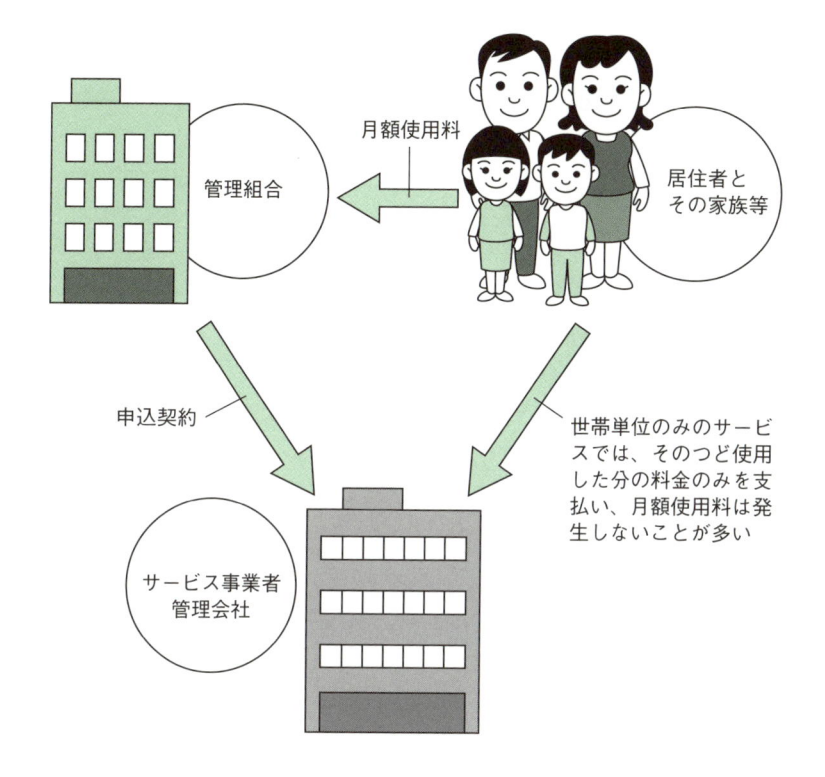

居住者とその家族等

申込契約 → サービス事業者 管理会社

世帯単位のみのサービスでは、そのつど使用した分の料金のみを支払い、月額使用料は発生しないことが多い

表 9-2-1　契約形態・サービス提供について

単位	方法
管理組合	申込および契約
各世帯（居住者）	申込

契約形態やサービス提供は、管理会社や管理組合によって異なります。一般的には、図表のいずれかによる提供が多いですが、中にはそれぞれの組み合わせ、もしくは、管理組合や各世帯（居住者）による選択で提供されているケースも存在します。

9-3 独居高齢者、孤立死 認知症サポーター

●増加傾向にある「孤立死」

　主に一人暮らしの人が住居内等で誰にも看取られることなく、生活中の突発的な疾病等によって死亡することを孤立死といいます。孤立死する人には60代前半の男性が圧倒的に多いといわれ、その背景には、退職から年金支給開始までの無収入時期や人づきあいの頻度が関係するとされています。

　我が国の孤立死率は、増加傾向（図9-3-1）にあります。特に大都市の東京ではそれが顕著とされ、この10年間で孤立死の発生率はおよそ5倍に増えています。

　マンションにおいても高齢者問題は深刻化の一途をたどっています。高齢の居住者と接する際、図9-3-2の発症チェックリストのような兆候が見られる場合、認知症の発症、ひいては孤立死につながる可能性があるので注意する必要があります。

●認知症、認知症サポーターとは

　「認知症」とは、もともと正常であった脳の知的な働きがさまざまな病気によって、持続的に低下した状態をいいます。症状が進むにつれ、1人で日常生活を送れなくなる場合もあり、家族をはじめとした周囲の人の温かい援助が必要となります。

　そんな時に頼りになるのが「認知症サポーター」です。認知症サポーターとは、認知症サポーター養成講座（NPO法人地域ケア政策ネットワーク全国キャラバンメイト連絡協議会が実施）を受講し、修了した方のことです。

　認知症サポーター養成講座では、認知症の症状や治療法のほか、さまざまなシーンにおける認知症を患った方との接し方を学びます。認知症サポーターは、平成27年12月末の時点で全国でおよそ713万人もおり、目印として、オレンジ色のブレスレット「オレンジ・リング」が渡されています。

図 9-3-1　孤立死者の出現率の推移（人口100万人あたり）

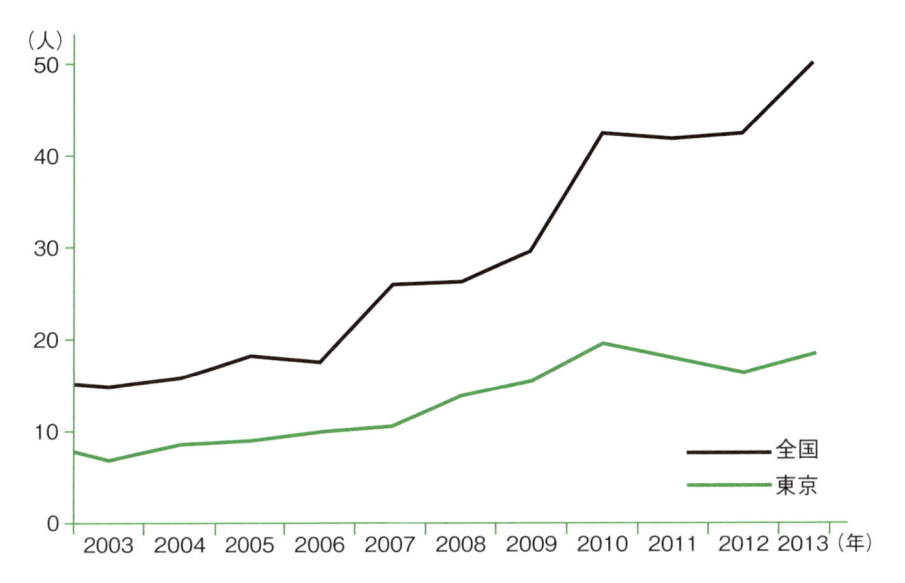

```
（人）
 50                                                              ●
 40                                    ●────●       ●
                                      /         ──
 30              ●──●                /
            ●──/                ●──/
 20    ●──●                ●──/
       ●──●──●──●──●──●
 10 ●                          ──●
    ●──●                              ●──●
  0
    2003 2004 2005 2006 2007 2008 2009 2010 2011 2012 2013（年）
```
　　　　　　　　　　　　　　　　　　　　　　　── 全国
　　　　　　　　　　　　　　　　　　　　　　　── 東京

図 9-3-2　「認知症、孤立死」発症リスクチェックリスト

	YES	NO
（1）郵便物や新聞等が郵便受けに溜まっている。	☐	☐
（2）独居住まいのところに、通販で同じような商品が複数届いたり、訪問販売の人が随時、出入りしている。	☐	☐
（3）ゴミ出しの日や分別方法を頻繁に間違えている。	☐	☐
（4）廊下の往来、同じことを何度も言ったり、他の居住者から不審がられている。	☐	☐
（5）水漏れ事故を頻繁に起こし、階下の居住者から苦情が多い。	☐	☐
（6）愛想の良かった人が挨拶しなくなり、まるで人が変わったようになった。	☐	☐
（7）活発だった人がマンションの集まりに出てこなくなり、外出する姿を見なくなった。	☐	☐

※管理業務に携わるうえで、認知症の方への対抗としては、「驚かせない」「急がせない」「自尊心を傷つけない」の3つの「ない」を心掛けると良いでしょう。

9-4 携帯電話基地局（アンテナ）の設置

●携帯電話基地局とは

　いまや日本の携帯電話の契約数は、1億台を超えています。これは統計上では国民1人につき1台以上の携帯電話を持っていることを意味しています。

　そうしたなか、携帯電話各社は大容量化・高速化等、品質の向上や新たな通信形式の開発を行い、競争を勝ち抜こうとしています。そのために重要なポイントとなるのが中継基地局の確保です。基地局の候補として主な地下鉄駅や地下街のほか、ビルやマンションの屋上もあげられています。

●屋上等を貸し付けた場合のメリット・デメリット

　管理組合で携帯電話基地局の設置場所として、マンションの屋上を貸し付けた場合、表9-4-1のようなメリット・デメリットが考えられます。以前は、設置料収入について管理組合等には税金が掛からないと考えられており、税務署も積極的に管理組合から徴収することはありませんでした。

　しかし近年では、管理組合でも収益事業を行えば、税務申告と納税が必要であることが広く認識されています。これらの背景を受けて、管理会社でも勉強会等を行い理事会や管理組合に税務対策について説明しています。今後も携帯電話各社が基地局の設置場所を探し、マンションの屋上等にアンテナ設置の提案を行っていくことが予想されます。しかし、なかにはセールスマンから税金について説明がされないケースもあるでしょう。

　設置料収入というメリットは確かに魅力的ですが、マンションでも携帯電話会社からの収入に対して法人税が課税されることを忘れてはいけません。収益事業を行っている管理組合等は、脱税行為にならないよう税金申告が必要という認識をもつことが重要なのです。

　また、税金の支払いを考えると決して手間に見合った収入とはいえないケースもあるでしょう。「収支」を熟考したうえでマンション資産の利活用が求められています。

表 9-4-1　マンション屋上等を貸し付けた場合のメリット・デメリット

メリット	デメリット
・社会的通信インフラに貢献できる ・指定の携帯キャリアの接続が良くなる ・設置料収入が得られ、修繕積立金不足や消費税増税分の補填として活用できる（例として月額10万円）　等	・受量物の後付け（積算表、構造計算等の基本設計）への懸念 ・電磁波による身体的な影響への懸念 ・美観面への配慮 ・資産価値への影響 ・収益事業と課税への配慮　等

表 9-4-2　携帯電話基地局（アンテナ）の課税漏れの経緯

平成23年	きっかけは、広島・福岡・埼玉にある3つのマンションの管理組合が指摘を受けたこと。特定の携帯会社に税務調査が入り、そこの経費の出先として、基地局が設置されていたマンションが捕捉されたと推測されている。
平成24年	埼玉県で立て続けに申告漏れの指摘があり、その後は、携帯キャリアを問わず、広域に渡って、課税漏れの指摘が相次いで起こる。
平成25年	大阪で基地局の設置料収入等をあわせて、約5,000万円の課税漏れが指摘される。
平成26年	7月にこれらの背景を受け、国税庁から「マンション管理組合が携帯電話基地局の設置場所を貸し付けた場合の収益事業判定」が照会され、マンション屋上（共用部分）の使用を目的として、建物賃貸借契約を締結し、管理組合がこの建物賃貸借契約に基づき、マンション屋上の使用対価として設置料収入を得ることは、法人税法上の収益事業たる不動産貸付業に該当すると明確にされる。

日本全国の税務署で、マンションの管理組合（人格のない社団等または公益法人等）に対する法人税については、収益事業から生じた各事業年度の所得に課税できるという共通認識がもたれています。

図 9-4-1　管理組合における収益事業

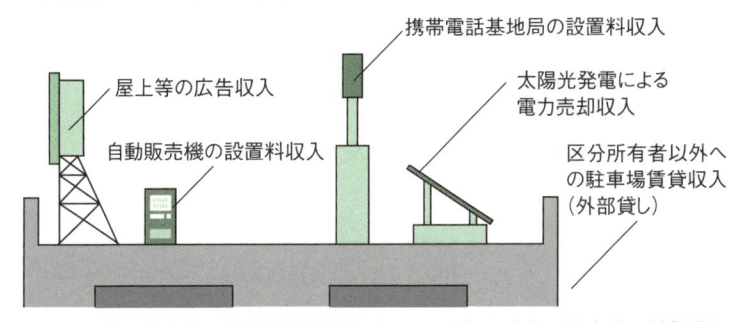

（図：屋上等の広告収入、自動販売機の設置料収入、携帯電話基地局の設置料収入、太陽光発電による電力売却収入、区分所有者以外への駐車場賃貸収入（外部貸し））

このうち、特に屋上等の携帯電話基地局（アンテナ）や広告、駐車場の外部貸しに税務調査が行われることが多いとされる。

用語索引

英字

EV 充電器	163
HEMS	162, 163
is 値	78
MEMS	67, 162, 163
MEMS アグリゲータ	163
pH	48
RC 造	57
SOHO	58

ア行

圧縮強度	62
アルカリ性	48
アスファルトコンクリート	62
安全性判定	82
維持管理	16
一部委託管理方式	23
一般管理費	64
イニシャルコスト	64
ウインドウォッシャー	43
売渡請求	82
上塗基準	32
エネルギーマネジメントシステム	162
エフロレッセンス	67
エントランス	33, 42
オートロック	68
屋上防水	66, 70

カ行

会計処理	146
概算費用	72
改修工事	72, 160
解体費	64
外壁補修	66, 70
火災保険	32, 33
家財保険	32
過疎化	20
壁式構造	56
ガムリムーバー	43
ガラス保険	33
簡易判定	82, 83
管理委託契約	12, 23, 24, 37, 40, 42, 73, 148, 150, 157
管理員業務	25, 148, 149
管理会社	23, 82, 144, 148, 156, 157, 158, 164
管理業者	148, 150, 151, 154
管理業務主任者	25, 150, 154, 158
管理組合	14, 23, 37, 52, 72, 78, 82, 84, 134, 142, 144, 146, 147, 149, 150, 151, 154, 155, 156, 158, 160, 164, 165, 168, 169
管理事務	33, 148, 154
管理事務室	50, 148
管理受託契約	150, 151
管理方針	52
機械式駐車場	33, 42
機械保険	33
基幹事務	154
技術基準	59
既存不適格建築物	80
キッチン設備	74
機能回復	74
機能的劣化	67
規約共用部分	60, 148, 152, 153
給水管	70
給水方式	70
旧耐震基準	76, 84
給排水	70, 83

共同住宅	10, 58	高強度コンクリート	63
業務仕様書	42	鋼材	63
共有部分	144, 159, 163	工事費	57, 70, 160
居住環境	14	構造安全性	83
居住者	36, 70, 73, 82, 84, 134, 136, 140, 156, 164, 165, 166	構造強度	78
		構造計算	76
居住者判定	82	構造制限	58
躯体	83	構造耐震指標	78
区分所有権	24, 153, 154	高齢者問題	166
区分所有者	16, 23, 60, 72, 82, 150, 152, 153, 155, 156, 158, 169	小口現金	30
		小口現金明細表	30
区分所有建物	60, 152, 155	個人情報	50, 156, 157
区分所有法	24, 36, 60, 146, 158, 159	個人情報保護法	156
組合員	144	個人賠償責任保険	33
計画修繕	72	戸建て	74
経年劣化	72, 78	骨材	63
警備業法	34	ゴミ置場	42
警報盤	50	コミュニケーション	140
軽量鉄骨造	10	コミュニティ	83
決議要件	28	顧問契約	36
結合材(セメントペースト)	62	孤立死	16, 166
月次報告書	50	コンクリート造	10, 56, 66, 76
現金出納帳	30	コンシェルジュ	34
原状回復	74	混和材料	62
建設費	64		
建築概要書	58	**サ行**	
建築基準関係規定	76	サービスマインド	134
建築基準法	76, 80	細骨材	63
建築物の耐震改修の促進に関する法律	78	在宅避難	21, 84
現地調査	79	再販価値	20
高圧一括受電	162	財務諸表	37
合意形成	16, 82	作業回数一覧表	42
硬化結合	62	作動調整	68
硬性床材	44	錆鉄鉄筋露出(爆裂現象)	67
高級分譲マンション	18	サビ汚れ	67

酸性洗剤	48, 54	スマート家電	163	
敷地	152, 153	スマートマンション	67, 162, 163	
仕切り壁	60	スラム化	14	
自在ボウキ	46	制震	78, 84	
地震保険	33	制震補強	78	
自治会組織	38	清掃員	34, 40	
事務管理業務	25, 148, 149	清掃業務	25, 40, 148, 149, 155	
社会的劣化	67	税務対策	168	
弱アルカリ性洗剤	48	セキュリティ	83	
車両保険	33	施工会社	70, 158	
消防法	10, 11, 40	施工方法	66	
収益価格	22	設計図書	79	
収益性	20	設計費	64	
住居性能	83	設置料収入	168, 169	
集合住宅	10, 24	設備管理業務	25, 148, 149	
住戸部分	152	施肥	52	
修繕工事	37, 66, 70, 72	セメントコンクリート	62	
修繕積立金	15, 72, 169	セメントペースト	62, 63	
修繕費	64, 78	セメントモルタル	62	
収納スペース	50	剪定	52	
重要事項説明書	150, 151	全部委託方式	23	
竣工図面	50	専有部サービス	164	
準耐火建築物	59	専有部分	60, 61, 144, 145, 148, 149, 152, 153, 154, 155, 163, 164	
使用細則	74, 146, 147	専有面積	83	
証憑書類	30	専用使用権	144	
消防設備点検	80	専用使用料	31	
消防法	80	造園業者	52	
照明器具	43	総会	24, 146, 147, 149	
初期強度	62	総会議事録	50, 164	
初期硬化	62	増改築	78	
植栽管理	52	粗骨材	63	
助成金	78			
新耐震基準	67, 76			
スクイジー	43, 46			
筋交い	56			

タ行

耐火建築物	59
耐火性	57, 63
大規模修繕	14, 37, 67, 70, 72, 82
耐久性	57, 62, 63, 74
大地震	76
耐震改修	76, 78, 84
耐震基準	67, 76, 84
耐震構造	21, 80
耐震診断	37, 76, 78
耐震性	56, 57, 74, 78, 80
耐震補強	78
耐水性	63
太陽光発電（PV）	162
代理出席制度	28
耐力壁	56
宅地建物取引業	158
建物賃貸借契約	169
建物のライフサイクル	64
建物面積	80
弾性床材	44
単棟型マンション	148
断熱仕様	83
駐車場会計	30
駐車場使用料	30
中低層マンション	57
長期修繕計画	37, 66, 72, 73, 82
長期滞納者	37
超高層マンション	18, 57
超高齢化社会	16
賃貸マンション	11, 74, 152, 154, 155
通常総会	28
定期清掃	40
鉄筋コンクリート造	10, 56, 76
鉄骨造	10, 15
鉄部塗装	66, 70
電気設備	70
点検報告書	50
店舗	60, 152, 153, 154
トータルコスト	64
特殊建築物	58
特別清掃	40
都心型マンション	12
都市計画法	80
塗壁材料	62

ナ行

日常清掃	40
日常点検	66
日照権	80
認知症	166
年間管理計画	52, 53

ハ行

配筋強化	76
賠償責任保険	33
パテナイフ	43
ピークカット	162, 163
バリアフリー	56, 158
阪神淡路大震災	14, 54, 86, 87, 88
ピークカット	162, 163
ピークシフト	162, 163
日影規制	80, 81
東日本大震災	84, 142
ビジネス会話	138
避難経路	80
ヒビ割れ	67
標準管理委託契約書	23, 40, 42
標準管理規約	26, 28, 60, 72, 144, 146

173

物理的劣化……………………………… 67
不動産価値……………………………… 74
プライバシー……………………… 50, 156
フラワークリーン……………………… 43
フロント担当者………………………… 34
分譲マンション………………… 11, 18, 38
防火管理者…………………………… 155
法定共用部分……………………… 60, 153
防犯カメラシステム…………………… 50
法令改正………………………………… 80
補強設計………………………………… 78
保険金請求者…………………………… 32
保険の補償範囲………………………… 32
補修………………………… 66, 68, 70, 74
保守点検…………………………… 68, 155
ホスピタリティ……………………… 134
保全費…………………………………… 64
ポップアウト…………………………… 67
骨組み…………………………………… 57
ポリマーコンクリート………………… 62

マ行

窓口業務………………………………… 34
間取り…………………………………… 57
マンション法………………………… 152
マンション化率………………………… 10
マンション管理業………………… 25, 154
マンション管理組合………………… 169
マンション管理検定…………………… 35
マンション管理士…………… 37, 154, 158
マンション資産……………………… 168
マンションストック戸数…………14, 84
マンション総合保険……………… 32, 33
マンション管理適正化指針………… 146
マンション管理適正化法…… 10, 25, 150, 158
マンションの3大トラブル…………… 22
マンション標準管理委託契約書…… 23, 40, 42, 73, 148, 157
マンション標準管理規約………… 26, 28, 72, 144, 146
未納管理費……………………………… 37
無筋コンクリート……………………… 63
免震……………………………… 21, 84
免震補強………………………………… 78

ヤ行

容積率……………………………… 80, 81
用途変更………………………………… 58
予算準拠主義…………………………… 30
予算書…………………………………… 30

ラ行

ラーメン構造…………………………… 56
ライフサイクルコスト………………… 64
ランニングコスト……………………… 64
理事会……… 26, 28, 74, 144, 147, 149, 168
立地条件………………………………… 58
リノベーション………………………… 74
リフォーム………………………… 56, 74
臨時総会…………………………… 27, 28
老朽化…………………………… 12, 74, 82

■参考文献
[書籍]
『最新版 マンション理事になったらまず読む本』日下部理絵／実業之日本社、『目指せ！マンション管理員』日下部理絵／住宅新報社、『まるわかりスマートマンション』日下部理絵／住宅新報社、『マンション管理組合・管理会社 これからのマンション管理ガイド』日下部理絵／ぱる出版、『マンション建替えがわかる本 円滑化法改正でこう変わる！』日下部理絵／学芸出版社、『マンション管理実務のための区分所有法』 日下部理絵／早稲田経営出版、『マンション管理実務のためのマンション管理適正化法』日下部理絵／早稲田経営出版、『ビルメンテナンスが一番わかる（しくみ図解）』田中毅弘監修／技術評論社
（順不同）

■著者紹介

日下部　理絵（くさかべ　りえ）

マンション管理士。第1回 マンション管理士・管理業務主任者試験に合格後、マンション管理会社での勤務を経て、マンションの総合コンサルタント事務所「オフィス・日下部」を設立。著書に『最新版 マンション理事になったらまず読む本（実業之日本社）』『まるわかりスマートマンション（住宅新報社）』『マンション管理組合・管理会社 これからのマンション管理ガイド（ぱる出版）』『マンション建替えがわかる本 円滑化法改正でこう変わる!（学芸出版社）』『マンション管理実務のための区分所有法（早稲田経営出版）』など。

- 装　　　丁　　　中村友和（ROVARIS）
- 作図＆イラスト　　中田周作、田中こいち、片庭稔、ジーグレイプ株式会社
- 編　集＆DTP　　ジーグレイプ株式会社

しくみ図解シリーズ
マンションの設備・管理が一番わかる

2016年5月15日　初版　第1刷発行

著　　者	日下部　理絵
発 行 者	片岡　巌
発 行 所	株式会社技術評論社 東京都新宿区市谷左内 21-13 電話 　03-3513-6150　販売促進部 　03-3267-2270　書籍編集部
印刷／製本	株式会社加藤文明社

定価はカバーに表示してあります

本書の一部または全部を著作権法の定める範囲を超え、無断で複写、複製、転載、テープ化、ファイル化することを禁じます。

©2016　日下部　理絵・ジーグレイプ株式会社

造本には細心の注意を払っておりますが、万一、乱丁（ページの乱れ）や落丁（ページの抜け）がございましたら、小社販売促進部までお送りください。送料小社負担にてお取り替えいたします。

ISBN978-4-7741-7965-0 C3052

Printed in Japan

本書の内容に関するご質問は、下記の宛先まで書面にてお送りください。お電話によるご質問および本書に記載されている内容以外のご質問には、一切お答えできません。あらかじめご了承ください。

〒162-0846
新宿区市谷左内町 21-13
株式会社技術評論社　書籍編集部
「しくみ図解シリーズ」係
FAX：03-3267-2271